W0053525

Wolfgang Schaller // Morgen war's schöner

Inhalt

Vor-Worte

November 2009 bis Oktober 2010

Sie stehen an Rednerpulten und reden. Sie halten Rückschau. 20 Jahre Mauerfall, 20 Jahre deutsche Einheit. Sie sagen, dass die Vergangenheit hinter uns liegt, aber die Zukunft in Zukunft besser sein wird, und eine übernächtigte Kanzlerin zieht die Unterlippe bis zur Oberkante und sagt, dass sie stolz und dankbar ist, diesem Land dienen zu dürfen, und die Blicke des Bundespräsidenten jagen hastig dem Teleprompter hinterher, so dass wenigstens etwas Bewegung kommt in den stocksteifen Besenstielkörper, und der Bundespräsident muss sagen, dass wir alle froh und dankbar sein sollen, in der Freiheit leben zu dürfen. Sie reden und halten Rückschau über das Früher und das Später und das spätere Früher und das frühere Später, und sie stehen pflichtgemäß an den Rednerpulten und stehen und stehen und wären doch so gern zu Hause, denn da könnten sie wenigstens liegen. Auf allen Kanälen gibt es Serien über die Trennung von Charlies Tante durch den Check-Point-Charlie und über Stacheldraht und Schnatterinchen, und Bücher erzählen, dass nicht alles gut war in der DDR und nicht alles schlecht ist in der Bundesrepublik, und in den Talkshows schwafeln die Ritter der Schwafelrunde und beweisen, dass der Hirntod nicht das Ende des Lebens ist. Und da kaufen Sie sich jetzt auch noch meine gesammelte Sprachlosigkeit zwischen einem verlorenen Dreigroschenstaat in der Diktatur und einer verlorenen Geldanlage in der Freiheit? Lassen Sie's! Zumal schon die ersten Satiren meine Vergangenheit enthüllen. Ich habe leider eine. Eine, die ich nie loswerde: Ich habe die Ungnade der östlichen Geburt, die selbst der »Spiegel« entdeckte, als er im vergangenen Jahr in einem Essay über deutsches Kabarett schrieb: »Schallers Intendantenzimmer gleicht dem Büro einer SED-Bezirksleitung.« Ich weiß zwar nicht, woher ein Hamburger Spiegel-Redakteur weiß, wie es in einer SED-Bezirksleitung aussah, und ich vermute, er wäre nie auf die Idee gekommen zu schreiben, in Dieter Hildebrandts Wohnzimmer sähe es aus wie bei der SPD unterm Sofa. Aber auf mir lastet eben dieser Ostmakel. In alle Ewigkeit, Erbarmen.

Was vor zwanzig Jahren an melancholischem Hauch durch meine Kolumnen wehte, für die mir die »Sächsische Zeitung« geduldig Platz bot, weht heute kein Wind mehr weg. Manchen geborenen Gedankenkindern möchte ich ans Leben. Und wenn auch Sie vor lauter Rückblicken nicht mehr rückblicken möchten, fangen Sie einfach in der Mitte des Buches zu lesen an.

Es schadet mir nicht, wenn Sie meine Notizen aus der fernöstlichen Provinz gar nicht erst lesen. Sie haben das Buch gekauft, ich erhalte zehn Prozent des Kaufpreises – der Geschädigte sind also höchstens Sie. Sie tun mir leid.

Vor-Bilder

Es gibt Augenblicke im Leben, auf die ist man nicht grade stolz. Mit dem folgenden ersten Foto aus meinem Geheimarchiv setze ich mich dem öffentlichen Bannfluch aus. Dass sechs Kabarettisten der Nationalpreis überreicht wurde, könnte ich ja in kollektiver Scham noch preisgeben, aber dass das Bild ausgerechnet jenen Augenblick festhält, in dem mir Honecker die Hand schüttelt, verzeihe ich dem Fotografen nie! Peter Ensikat und ich waren mit unseren Stücken in der Hauptstadt verboten, ich durfte dort nicht lesen. Wie gut hätte das heute ins Poesiealbum des Widerstands gepasst, würde nicht dieses Foto alles versauen. Meine Kollegen nennen mich seitdem »Untergrundkämpfer mit hohen staatlichen Auszeichnungen«. Die Funktionäre, die den Preis durchgesetzt hatten, einte mit uns die Hoffnung auf Gorbatschows Perestroika. Auch wenn es nicht in den Zeitgeist passt: Solche Funktionäre gab es. Mit der Lüge Hoffnung lebte und schrieb es sich besser. Ich habe an einen besseren Sozialismus geglaubt. Seitdem weiß ich, wie schön auch für einen Atheisten Glaube sein kann. Es war eine peinliche Genugtuung, als zum Verleihungsakt das greise Politbüro an uns vorbeizitterte, und mir fiel der alte Kalauer ein: Tagesordnungspunkt eins: Einmarsch des Politbüros, Tagesordnungspunkt zwei: Einschalten der Herzschrittmacher. Wir hatten damals etliche Rechtfertigungen parat, warum wir den Preis annahmen. Zensoren könnten nicht mehr so viel herumzensieren, hofften wir. Aber es war vor allem die Lust am Irrwitz, dass uns Honecker einen Preis überreichen musste, ein alter Mann, der uns lieber der Konterrevolution bezichtigen würde, hätte er unsere Texte gekannt.

Auch (zu diesem Zeitpunkt) Außenminister und Kanzlerkandidat Steinmeier kannte meine Texte nicht, als er den Stern der

Satire auf dem Mainzer »Walk of Fame des deutschen Kabaretts«
überreichte: Ein in den Weg betonierter Bronzestern, auf den
ich schaute wie auf die eigene Grabplatte. Dass Steinmeier den
Preis für etwas vergab, für das uns schon Honecker unwissend
den Preis überreichte, ist ein besonderes Bonmot, nämlich, so
Steinmeier, »für eine Haltung, nicht mit den Wölfen zu heulen«.
Was zur Folge hatte, dass damals wie heute die Wölfe heulen.

Honecker war zwölf Monate nach der Preisübergabe kein
Staatsratsvorsitzender mehr, Steinmeier war sechs Monate später
kein Außenminister mehr, und zwei Dresdner Oberbürgermeister
wurden wenige Wochen später abgewählt, nachdem sie mir die
Hand zum Gruß gereicht hatten. Was lernt uns das? Das lernt
uns, dass sich Kabarettisten nie mit den Mächtigen einlassen sol-

len und die Mächtigen nie mit Kabarettisten. Denn zumindest für die Mächtigen kann das existenzielle Folgen haben.

PS: Die Nationalpreisanstecknadel hab ich übrigens noch am Tage der Verleihung einem Schweizer Freund geschenkt, dem diese Plakette noch in seiner Abzeichensammlung fehlte. Da liegt mein sozialistischer Preis nun in der neutralen Schweiz, aus der ich ihn jederzeit zurückholen kann, sollte es wieder mal andersrum kommen.

Ich möcht nicht länger Ossi sein

Im Rückblick auf zwanzig Einheitsjahre

2010 Zwanzig Jahre deutsche Einheit. Politiker üben honigreiche Sprechblasen über Deutschlands Einheit und die Revolution der neuen Bürger aus den neuen Ländern. Wie lange bin ich alter Bürger eigentlich noch neuer Bürger in den fast zwanzig Jahre alten, aber ewig neuen Ländern? Und warum bin ich in diesem einig Volk von Brüdern immer noch der Ossi, der laut FAZ vom 22. März 2009 »die ganze Republik ossifiziert« und »unsere einst so liberale, unnationalistische Gesellschaft mit seiner Osthaftigkeit vergiften durfte«? Und Wochen später ist im »Spiegel« die Ossin dran, die auf einem Foto nackt mit Dederonstützstrümpfen wie ein naturtrübes Lustmütterchen aus gesunder Zonenhaltung vor einem Trabi posiert, nachdem schon die Titelzeile OPFOR ODER DÄDOR? deutlich macht, dass Ossi *und* Sachse Inzucht bedeuten, die debil macht.

Höchste Zeit zur Entschuldigung, dass ich mit Pittiplatsch im Arm und Spreewaldgurken im Mund in die so »unnationalistische Gesellschaft« getreten bin und kein anderes Mitbringsel im Gepäck hatte als den grünen Pfeil und das Ampelmännchen. »So kamen das Gift, die Lüge und die Heuchelei in die deutsche Politik.« FAZ, März 2009. Zweitausendneun!

Aber der bekannte Historikprofessor Arnulf Baring hat schon 1992 vor den »verzwergten verhunzten« Ostmenschen gewarnt, die, »wegen ihres unbrauchbaren Wissens nicht weiter verwendbar sind«. Worauf den Unverwendbaren als Beschäftigung nur blieb, Babys in Blumenkästen zu verscharren, Neger durch den Kakao zu ziehen und bei den Volksmusikparaden des MDR zu warten, bis sich Achim Mentzel in den Schritt greift. So sind sie, die Ossis. FAZ, März 2009: »Nein, man kann nicht alles auf den Einfluss der für immer bolschewisierten Duckmäuserossis zurückführen. Aber sehr vieles.« Zum Beispiel die aus dem Osten kommende »Gerechtigkeitsromantik«, die der Historiker Paul Nolte beklagt (FAZ, 20.12.2008), weshalb er empfiehlt, »Abschied von der Gerechtigkeit« zu nehmen, um einer »Nordkoreanisierung« zu entgehen. Und da auch ich Gerechtigkeit für eine Vision hielt und weil Doktorallwissendkanzler Helmut Schmidt empfahl, wer Visionen habe, solle zum Arzt gehen, suchte ich meinen Hausarzt auf, sagte: »Guten Tag, ich bin Ossi und Sachse und Nordkoreaner, ich habe Visionen.« Aber ich bin als Kassenpatient nicht drangekommen.

Ginge es nach Hubertus Knabe, war die DDR ein öffentliches Prostituierten- und geheimes Naziparadies, in dem die Stasi den gesamten Westen untertunnelte, um Karl-Eduard von Schnitzler als rote Fahne auf dem Kölner Dom zu hissen, und in dem »das System Blockwart noch kaltblütiger installiert war als im Dritten Reich«. (Süddeutsche, 14.2.2008) Das Niveau der Debatte um DDR-Vergangenheit ist so niedrig, dass ich auf allen Vieren kriechen muss, um es zu sehen.

Freunde aus den westlichen Bruderländern: Ihr habt uns mit euren Beamtentruppen besetzt, und wir haben euch dafür aus Rache unsere Angie geschenkt. Nun sind wir quitt. Nun lasst den Ossi mal Deutscher sein. Wieso ist Andreas Dresen ein »ostdeutscher Filmemacher«? Nennt jemand Volker Schlöndorff einen westdeutschen Filmemacher? Alle DEFA-Filme sind laut Schlöndorff furchtbar. Kein DDR-Maler kommt in einer deutschen Ausstellung vor. Der Dichter Christoph Hein durfte mit seiner Ossivergangenheit kein Intendant werden. Weil sie alle »verzwergt und verhunzt ... nicht weiter verwendbar« sind. Manchmal ekelt einen die Heuchelei der Sieger an. Aber: »Jeder übermütige Sieger arbeitet an seinem Untergang.« Das hat nicht der deutsche Poltergeist Lafontaine 2009 gesagt, sondern der französische Dichtergeist La Fontaine 1695.

Gegendarstellung

Laut Landespressegesetz ist Wolfgang Schaller verpflichtet, folgende Gegendarstellung von Wolfgang Schaller abzudruk-ken:

Schallers Artikel erweckt den Eindruck, die Bürger im Osten Deutschlands seien alles aufrechte Demokraten. Dazu stelle ich fest: Diese Darstellung ist unrichtig. Laut einer Statistik lehnen 39 Prozent der Ostdeutschen die Demokratie ab, und die Zustimmung zu einer Diktatur als bessere Staatsform nahm in den letzten fünf Jahren um 25 Prozent zu. Es gibt bösartige Unterstellungen, den Westdeutschen sei 1945 die Demokratie von den Amerikanern aufgezwungen worden und sie hätten 1989 die Chance genutzt, die Demokratie den Ostdeutschen zu schenken, um sie wieder loszuwer-den. Wahr ist: Demokratie heißt Volksherrschaft, aber viele Ostdeutsche wollten 1989 gar keine Volksherrschaft, sondern einen Volkswagen. Dafür haben sie Revolution gemacht. Weil ein Volkswagen fährt. Aber in der Demokratie alles stillsteht. Im Demokratieverständnis vieler Ostdeutscher ist die Demokratie nur unnötiges Gequatsche, verbunden mit faulen Kompromissen, was an folgendem Beispiel aus dem Bundestag gern bewiesen wird: »Wir rasen mit Tempo 200 auf eine Mauer zu, verhandeln drei Jahre, ob das Tempo auf 180 gedrosselt werden soll, bis der Vermittlungsausschuss vorschlägt, Tempo 200 zu belassen, aber beim Unfall kurz vor der Mauer die Augen zu schließen.« Es müsse ja nicht gleich eine Diktatur sein, sagt sich der Ostdeutsche, aber mit einem kleinen Diktatürchen ginge das alles effizienter zu regeln. In der Diktatur gab es Tempo 110 und trotzdem eine Mauer. Ich traf mich kürzlich in Dresden mit zwei Touristen, und beide waren sich einig: »Was brauchen wir Meinungsfreiheit, wenn wir keine Meinung haben? Was brauchen wir Glaubensfreiheit, wenn wir an nichts glauben? Was brauchen wir Pressefreiheit, wenn wir nicht mehr lesen? Was brauchen wir Gedankenfreiheit, wenn wir nicht mehr denken?« Beide waren sich einig, dass das Einzige, was sie brauchen, ihre Ruhe sei. Der eine kam aus Cottbus-Ost und der andere aus Schwäbisch-Gmünd.

Metamorphose

Ich erinnere mich noch genau an jenen Oktobertag vor zwanzig Jahren: Ich wachte auf und war in einem anderen Land, ohne aus dem Bett gestiegen zu sein. Ich wollte in kein anderes Land. Dort, wo ich herkam, war ich nicht zu Hause. Dort, wo ich hinkam, wollt ich nicht hin. Ich bin nicht weggegangen. Ich bin nicht angekommen. Ringsum gab es plötzlich viele Widerstandskämpfer, die ich nicht kannte, obwohl ich sie kannte. Es genügte, in der alten Zeit von einem Volkspolizisten gerügt worden zu sein, weil man betrunken auf den Marktplatz gepinkelt hatte, um sich nun in der neuen Zeit als Opfer der DDR-Diktatur feiern zu lassen. Ich hab nie auf einen Marktplatz gepinkelt. Dafür möchte ich mich entschuldigen.

Brief an meinen ostdeutschen Freund

Oktober 1990 Mein Freund, weißt Du noch: Wie Du beim Mauerfall, »Helmut! Helmut!« lallend, die Sektkorken knallen ließest? Wie Du mit überhöhter Geschwindigkeit mit dem Einkaufswagen die Regale von Aldi rammtest, als wolltest Du Dein Leben lang nur noch Schappi fressen? Wie Du Dich mit revolutionärem Elan durch die Grabschtische von Hertie wühltest, als wärst Du selbst ein Billigangebot? Nun hast Du Dich zwei Jahre lang vollgestopft mit lila Kühen und Joghurt mit linksdrehender Milchsäure, als sei der Mensch ein Verdauungstrakt, ein Verbindungsrohr zwischen Fressnapf und Abfalleimer. Die Einheit war für Dich ein großes Schnäppchen. Und nun plötzlich hast Du den Kohl dicke? Ich weiß, er hat Dir blühende Ländchen versprochen und Wohlstand für alle, da musstest Du einfach den neuen BMW leasen, um der Erste in München zu sein beim Kampf ums zusätzliche Begrüßungsgeld. Du musstest dem Kanzler einfach glauben. Denn Du warst ja nun ein mündiger Bürger, der nach 40 Jahren verkrüppelter Haltung endlich aufrecht über die Autobahnen des neuen Deutschland rasen konnte. Nun wunderst Du Dich, dass der Kapitalismus tatsächlich so aussieht, wie man ihn dir einst auf der Parteischule schwarz-weiß gemalt hatte. »So hab ich mir das nicht vorgestellt!«, hör ich Dich heut klagen mit herzzerreißender Litanei: »So haben wir das nicht gewollt! Hast Du gewusst, dass es so kommt? Ich hab überhaupt nichts gewusst. Mir hat die CDU gesagt, wie es kommen soll. Aber nicht, wie es kommen wird. Hast Du die CDU gewählt? Ich hab die CDU nicht gewählt!« Nein, mein Freund, ich hab die CDU nicht gewählt. Ich kenn in Sachsen überhaupt niemanden, der heute sagt, er habe die CDU gewählt. Dabei, mein Freund: Du könntest es doch zugeben. Wen hättest Du sonst wählen sollen, wenn nicht den, der die schwarz-rot-goldene Fahne uns allen vorantrug? Du bist doch ein Leben lang den Fahnenträgern tapfer hinterhermarschiert. Als Pimpf warst Du brauner Hänfling, dann Rotkehlchen, bei der Wende Haubentaucher, jetzt alternde Schwarzdrossel. So vögelt's sich gut durch die deutsche Geschichte. Ich hör Dich noch im Chor singen: Die Partei, die Partei, die hat immer recht. Mein Freund: Ich hatte Mühe, Dich zu erkennen, als Du über Nacht so schwarz wurdest, als wolltest Du im Tunnel noch Schatten werfen. Nein, ich verdamme Dich nicht. Ich bewundere Dich. Früher den roten Fürsten in den Arsch gekrochen, heut den neuen Führern die Schweißfüße küssen – Du riechst immer, wo es langgeht.

Nein: Der Versager bin ich. Ich war so blöd, an jenem 4. November 89 noch an eine bessere DDR zu glauben. Trotz besseren Wissens. Ich war so bescheuert, am 3. Oktober 90 an ein neues Deutschland zu glauben. Trotz besseren Wissens. Ich wollte nicht wahrhaben, was ich wahrnahm, ich, der Spinner, der Traumtänzer. Ich bin nicht besser als Du, mein Freund. Ich bin nur ein bisschen ratloser. Du weißt schon wieder, wo der Weg langgeht. Du weißt schon wieder, wo Du die Schnauze zu halten hast. Aber wenn Du sie am Stammtisch voll hast von Diebels Alt und – wie Du dann immer lallst – der ganzen Scheiß-Demokratie mit dem ganzen Politikergequatsche, dann rülpst Du laut einen Hauch deutscher Geschichte in die Runde und rufst nach dem starken Mann.

Mein Freund, ich glaub: Dein Pech und mein Glück ist, dass Schönhuber die Ausstrahlung einer defekten 12-Volt-Leuchte hat. Aber wenn erst einmal einer kommt, der Dich zum Mitklatschen bringt wie Heino und mit seinen Sprüchen besoffen macht wie Johnny Walker, dann, mein Freund, wird wieder eine Zeit sein, von der Du später sagen kannst: »So haben wir das nicht gewollt! Hast Du gewusst, dass es so kommt? Mir hat niemand gesagt, dass es so kommen wird!«

Lass mich zum Schluss meines Briefes ein altes deutsches Volkslied variieren:

Rosenstock, Holderblüh,
wenn i mei Dirndl sieh,
lacht mer vor lauter Freid
's Herzerl im Leib.
Tralala, Tralala,
's Gehirndl ist nimmer da.
Tralala, Tralala,
ohne geht's a.

Reif für die Insel

Endlich Mallorca. Vorbei die Zeiten, als wir mit unserem Zwickauer Verbrennungswunder nonstop durch die real existierenden Schlaglöcher von unserem Neubaugebiet bis zur Bockwurstbude am Senftenberger See schossen, wo Vati, Mutti samt vier Kindern, Schlafsäcken und fünf Salami ihr Zweiquadratmeterzelt aufschlugen. Zwar sind Vati und Mutti heut arbeitslos, was das Urlaubsreisen einschränkt. Aber auf dem nahen Balkonien schwärmen sie im Begonienschatten vom großen Palmenabenteuer, als sie zum ersten Mal am mediterranen Swimmingpool zwischen Hauptverkehrsstraße und Neubaubagger die Ruhe genossen.

Juli 1991 Endlich grenzenloser Urlaub! Zu Abertausenden geben wir uns in diesen Tagen den kollektiven Marschbefehl und emigrieren zum ersten Mal in die Ferne. Aus der geschäftlichen Hektik von Großraumbüros, Verkehrschaos und Kaufhausgewühl fliehen wir, zwischen Koffer und Familienbagage geklemmt, hinters Lenkrad. Vatis Fuß zuckt auf dem Gaspedal, so dass Motor und Mutti erschreckt aufjaulen. Der Wagen schießt, ohne die linke Spur zu verlassen, direkt auf die Autobahn, bis im Frühstau zu Berge wir stehn, vallera. Noch ehe die Sonne versinkt im blauen Abgas wunderbar, erreichen wir den Frankfurter Flughafen mit Müh und Not, drängen in der Hundertmeterschlange bis zur Abfertigung, zwängen uns in den Jumbojet, um stundenlang auf einem viel zu engen Sitz angeschnallt und mit vor Flugangst verzerrtem Gesicht einem Todeskandidaten auf dem Elektrischen Stuhl zu gleichen. Endlich öffnen sich nach verspäteter Landung die Türen des fliegenden Transportpanzers, und wir purzeln mit steifen Gliedmaßen die Gangway hinunter mitten hinein in die

Kreislaufkollaps-Hitze. Geduckt unter dem Gedröhn startender Maschinen ein kurzer hechelnder Zwischenspurt, um einen Gepäckwagen zu ergattern. Ein erster Etappensieg: Der richtige Hotelbus schüttelt uns bis zum richtigen Hotel, wo wir grad noch den ersten Essensdurchgang erreichen und frohgemut im Restaurant »Exotic« ein deutsches Schnitzel kauen dürfen, während hinter uns schon der zweite Durchgang auf die Plätze lauert. Mit letzter Kraft erreichen wir die Betten, fallen siegreich aufs Laken, aber aus der darunter tobenden Techno-Disco bumst es noch ein paar Stunden per Bassverstärker in die Betonzellen der die Nachtruhe genießenden Urlauber.

Der Schlaf währt nicht lange: Früh gegen fünf rüttelt Vati die Mutti wach. Mutti, noch im Halbschlaf, ist irritiert: Was denn, um die Zeit hat er doch noch nie gewollt!? Aber da zischt Vati in ihr Ohr: »Los, Gerda, schnapp dir die Handtücher, wir müssen die Liegen besetzen!« Zu spät! Für diesen Tag muss sich die Familie mit einem freien Quadratmeter steinigen Strands begnügen, um sich zwischen Tausenden in der Tropenglut röstenden Fleischklumpen niederzulassen. Zum Torso zusammengefaltet, die Knie im Bauch des nächsten Grillhähnchens, tippt Vati den Nachbarn verlegen an, um ihn höflich aufmerksam zu machen: »Sie, das ist mein Rücken, den Sie sich da einschmieren!« Aus einem Recorder kämpfen die ABBAs gegen Tom Jones aus dem Strandbarlautsprecher, ein bauchiger Vertreter der freien Strandwirtschaft steigt über die wie zwei Spiegeleier in der Sonne brutzelnden nackten Brüste von Mutti und preist seine Coca-Cola mit kanarischen Urlauten, die Vati auch unter Benutzung des Spanischwörterbuches nicht enträtseln kann. »Ach, unter freiem Himmel in freier Natur«, schwärmt Mutti, und Vati summt das alte Kampflied »Brüder, zur Sonne zur Freiheit« romantisch vor sich hin, während am Ufer die Motoren der Speedboote vor Freude dröhnen. Keinen Hautkrebs scheuend, wälzen sich die Individualtouristen in Massen erst vom Strand, als die Wolken das Ozonloch schließen, und alle treffen sich abends im Speisesaal, wo lustige Animateure den sonst so verklemmten Vati so lange anmachen, bis er beim Eiertanz die Hosen fallen lässt und dafür als ersten Preis einen Lolli gewinnt.

Abgefüllt mit Bacardi-Rum und Campari spät nachts wieder im Schlafsilo, leistet sich der luxusverwöhnte Urlauber noch eine Stunde RTL oder SAT 1 frisch aus der Schüssel, um in früher Stunde diesmal beim Kampf um die Liegen der Erste zu sein. So erholsam gehen die erholsamen Tage dahin. Und wenn alle vom Stress befreit nach zwei Wochen wieder zurückkehren in die Hektik von Büros, Kaufhausgewühl und städtischem Verkehrschaos, haben sie das gute Gefühl, Kraft getankt zu haben bis zum erholsamen Urlaub im nächsten Jahr.

Für eine bessere Vergangenheit

Mein Zahnarzt hatte, während er hinter der Gardine die Revolution beobachtete, in seinem Wartezimmer ein Plakat aufgehängt: NIE WIEDER SOZIALISMUS. Dies Plakat hing auch noch, als die CDU die Wahl längst gewonnen hatte und ich mich, wenn ich mit Zahnschmerzen unter diesem Plakat saß, immer fragte, ob denn Gefahr bestünde, dass Kohl den Sozialismus wieder einführen wolle. Ein Jahr später hatte mein Zahnarzt die Warnung vor der Gefährlichkeit des Sozialismus aufgegeben und eingetauscht gegen Schimpftiraden über dieses neue »Schweinesystem«, in dem er sich mit einer neuen Privatpraxis, zwei Autos und einem kleinen hübschen Einfamilienhaus bescheiden musste, wo es doch einst in Mauerjahren ein Westkollege längst zum Millionär gebracht hatte. Dies ärgerte meinen Zahnarzt, in dessen Wartezimmer nun ein Plakat über die Gefährlichkeit der Paradentose hing. Ich befürchtete, beim nächsten Arztbesuch das alte NIE WIEDER SOZIALISMUS-Plakat zu sehen mit einem dick durchgestrichenen NIE.

Aufruf eines Genossen aus dem Gestern in die Zukunft

1991 Liebe ehemalige Bürger aus der ehemaligen DDR! Wie wir aus gut unterrichteten Kreisen erfuhren, sehnt sich jeder vierte von euch die Mauer zurück. Ihr hättet es im Herbst 89 wissen müssen: Wer in Deutschland Revolution macht, beweist nur, dass er von Politik nichts versteht. Nun wünscht ihr euch unser altes Wirtschaftswunder: Bei niedrigster Arbeitsproduktivität die höchste soziale Sicherheit. Um diese Hauptaufgabe durchzusetzen, ist uns viel eingefallen. Aber ihr habt ihn selbst zerstört, unseren schönen Traum von Wirtschafts- und Sozialpolitik: Im Wohlstand leben wie im Westen, auf Arbeit gammeln wie im Osten. Der christliche Westen hat immer auf Leistung gebaut, der atheistische Osten immer Gott vertraut. Denn unser vierzigjähriges blaues Wunder hatte schon die Bibel vorausgesagt: Sie säen nicht, sie ernten nicht, aber Gott ernährt sie doch! Aber ihr wolltet euch ja nicht mehr von unseren Göttern ernähren lassen. Nun möchtet ihr den ganzen Westen am liebsten wieder im Westen haben, und mancher muss sich eingestehen: So ein bisschen Diktatur wäre mit Westgeld schon noch mal auszuhalten. Liebe ehemalige Bürger: Das bisschen Westgeld hätten wir auch drucken können! Druck war schließlich unsere Stärke!

Heute erkennen viele von euch: Unser Weg war richtig. Um euch beizustehen, haben wir, die ehemaligen Genossen aller Organe, uns am 7. Oktober zum 1. Treffen der Vertriebenen versammelt. Wir gedachten jener tragischen Zeit, in der es dem Volk gelang, unsere Menschen gegen uns aufzuwiegeln. Wir gestanden uns in unserer parteilichen Aussprache: Wir haben Fehler gemacht. Wir hatten das Volk nicht hinter uns. Aber bedenkt: Wie hätten wir ein Volk, das hinter uns steht, beobachten sollen?! Wir hatten das Ohr immer an der Masse. Dass wir ausgerechnet mit Knüppeln Bürgernähe demonstrierten, verzeiht: Man musste ja damals nehmen, was es grad gab. Und Knüppel gab es so viele, dass wir auch unsere westdeutschen Klassenbrüder hätten befreien können. Soweit haben wir nicht gedacht. Das war unser Fehler. Sonst hätten wir mit unseren Parteiveteranen die Amtsstuben in Hamburg und München besetzen können! Und mit unseren Ladenhütern von Zierkerzen bis Räuchermännern hätten wir die Supermärkte zugeschüttet! Und unsere Betriebsdirektoren wären als Investoren in die westdeutschen Konzerne gerufen worden! Dann wäre diese ganz großmäulige BRD-Wirtschaft in kürzester Zeit pleite gewesen. Wir hätten es schaffen können. Wäre das Volk nicht gewesen. Nun muss das Volk dafür büßen. Denn wenn ihr, liebe ehemalige Bürger, heute arbeitslos seid, können wir mit Stolz sagen: Wir nicht! Wir finden überall unseren Platz. Wir bleiben immer die Sieger der Geschichte.

Aber auch ihr habt eine Vergangenheit vor euch! Mit diesem gesetzmäßigen Optimismus rufen wir heut alle entmachteten Werktätigen aus dem Untergrund auf:

Verkäuferinnen und Verkäufer! Macht Überfluss zur Mangelware! Versteckt Bananen und Radeberger unter euren Ladentischen, und ihr werdet wieder König über den Kunden sein! Kellnerinnen und Kellner! Schnauzt die Gäste wieder an, wenn sie sich selbständig an einen freien Tisch setzen! Nehmt euch ein Vorbild an jenen Kollegen, die sich diese sozialistische Errungenschaft bis heute nicht nehmen ließen! Taxifahrer! Schlagt den Wartenden die Autotür vor der Nase zu, wenn euch die Wegstrecke nicht passt! Lasst euch in der neuen Freiheit nicht den Willen der Fahrgäste aufzwingen! Künstler! Fordert die Wiedereinführung der Zensur, soweit das nicht schon geschehen ist! Wenn euch Funktionäre jedes Werk kontrollieren, werdet ihr endlich wieder das Gefühl haben, ernst genommen zu werden! Handwerker! Ihr bestimmt, ob jemand einen Schaden hat! Sagt den Kunden: Ihr kommt, und ihr wollt. Aber kommt, wann ihr wollt! Lasst euch nicht versklaven!

Liebe ehemalige Bürger! Zeigt den Mächtigen, wer hier im Lande die Herrschenden sind! Bringt eure alten Erfahrungen ins neue Deutschland ein! Damit wenigstens etwas weiterlebt von dem, wofür wir gekämpft haben. Damit nicht alles umsonst war.

Durch die Brille betrachtet

Es gab in diesem dahingeschiedenen Land so vieles, für das ich mich schämte. Kam ich mit Westdeutschen zusammen, konnte ich vor ihnen trotz meines Versuchs, ihnen nur die lebenswerten Stellen meiner Stadt zu zeigen, nicht die Kellner verbergen mit ihrem mürrischen »Bockwurscht is aus!« und nicht den dahingammelnden Rotkohl in den Auslagen meines Gemüseladens und nicht den herunterbröckelnden Putz an der Fassade, den ein Transparent mit der unbesieglichen Inschrift UNSER WEG IST RICHTIG zu verbergen suchte. Wir hatten wenig Grund, auf diesen richtigen Weg stolz zu sein. Und obwohl mich Sport nie interessierte, wuchs doch bei olympischen Goldmedaillen ein bisschen das Selbstbewusstsein unterm Brustbein. Einmal waren wir wer! Einmal lachte die Welt nicht über uns! Beim Fußballspiel gegen die Bundesrepublik – wir waren mit dem Ensemble zwecks Gastspiel in Budapest – schummelten wir uns in ein ungarisches Hotel, in dessen Lobby eine westdeutsche Touristengruppe das Spiel per Fernsehapparat mit lautem Optimismus und unser Eindringen mit leisem Misstrauen verfolgte. Wir bekamen, längst durch sächsische Urlaute unsere Herkunft verratend, von unseren Brüdern und Schwestern spöttische Blicke und für Ostgeld vom Kellner kein Bier. Doch als Sparwasser jenes legendäre Tor schoss, schoss der Kellner mit anerkennendem Nicken und Becks-Träume-deine-Träume-Bierbüchsen auf uns zu. Und die Gruppe blicket stumm hinter uns im Kreis herum. Wir waren in diesem Augenblick wenigstens einmal die Sieger der Geschichte. Doch als ich Wochen später westdeutsche Freunde bei der Verabschiedung auf dem

Dresdner Hauptbahnhof nicht davon abhalten konnte, das Bahnhofsklo zu benutzen, wurde mir die Realität wieder unbarmherzig bewusst. Sie war beschissen.

Aus dem Leben des Klomanns Richard

August 1991 Ich bin der Richard. Vom Männerklo. Früher, als ich noch die volkseigene Bahnhofstoilette auf dem Bahnhof hatte, ich will da gar nicht klagen: Das Geschäft florierte. Ich konnte mir immer sagen: Richard, der Tag war nicht umsonst! Heute hast du wieder vielen Leuten aus der Not geholfen. Das war ja für die meisten so eine Art Befreiung. Manchmal stand eine Schlange bei mir. Manche haben sich angestellt, weil sie dachten, es gibt Bananen. Wenn die alle so anstanden in dringenden Angelegenheiten, das tat mir in der Seele weh. Da hab ich Nummern ausgegeben in der Spitzenbelastungszeit. Mit der Uhrzeit drauf, wann sie dran sind. Das hat sich aber in der Praxis nicht bewährt. Die kamen alle auf den letzten Drücker. Ich wollte nicht, dass es bei mir so aussieht wie auf den anderen Klos, wo man nicht mehr rauskam, weil man an der Brille festklebte. Das waren doch nicht die sozialistischen Ideale, für die unsereins gekämpft hat. Einen Staat, bei dem der Arsch anklebt, konnte man doch nicht lieben. Deshalb war ja auch 89 die Kacke am Dampfen. Deshalb sind ja auch so viele abgehauen nach dem Westen. Bloß weil die Westklos besser riechen. Ich wollte aber damals, dass es die, die hier bleiben, auch ein bissel gemütlich haben. Dass sie sich bei mir wie zu Hause fühlen. Weihnachten zum Beispiel, da hab ich Räucherkerzen aufgestellt, da roch es bei mir wie bei Christus in der Krippe. Ich hatte auch ein Radio angebracht hinterm Spülkasten. Sie wissen ja: Mit

Musik geht alles besser. Und wenn ich in die glücklichen Augen der Kundschaft gesehen hab, so was hat mich angespornt. Da hab ich gleich noch mal den Schrubber genommen. Die Brille geputzt, die Kacheln poliert – ich hab mir immer gesagt: Das Auge pullert mit!

Heute bin ich Teilhaber der Pissoirkette »Interclo & Co.« Meine erste Neuanschaffung waren Brillen von Fielmann. Da können Sie jetzt frei wählen zwischen erster und zweiter Klasse. Für die feinen Pinkel gibt es jetzt den Abort de luxe, sozusagen für die Besserverdienenden. Den hat die FDP gesponsert. Einmal, da kamen der Westerwelle und der alte Otto Graf Lambsdorff und rüttelten an der Klotür. Die dachten, das wär ihr Gemeinschaftsbüro. Die hatten an der Tür die zwei Nullen gesehen. Auf meinem Abort de luxe wird die Bedürfnisbefriedigung zum Wellnesserlebnis. Dank Ärkondischn und interaktiver Heiteck-Rinne. Und einem Solarium obendrüber, damit die Sonne auch mal auf die blassen Hintern scheinen kann. Da fühlt sich jeder wie im Urlaub. Ich hab auch schon einen Animateur angestellt. Es macht ja heutzutage keiner mehr was von alleine. Und jetzt expandiere ich. Man muss sehen, wo es billiger ist. Ich lass jetzt in Polen pullern. Das ist der Preis der Klobalisierung. Ich hab auch keine Angst vor der Zukunft. Gepullert wird immer.

Alles meine

Etymologisches Wörterbuch 1991: privare (lat.) – berauben

Über den Ursprung des Privateigentums

Ich weiß nicht, ob Sie sich daran erinnern können: Es muss an einem trübgrauen Novembertag gegen zehn Uhr kurz vor unserer Zeitrechnung gewesen sein, als Kunibert, verdienter Ackerbauer seines Stammes, übelgelaunt eines Streites mit seinem Weibe Kuniberta wegen wütend ein paar Pflöcke rings um seine Hütte in den Boden rammte und seinem Nachbarn Siegfried entgegenschrie: »Alles meine!« Stammesgenosse Siegfried war bislang mit Kunibert durch die Gentilordnung zu gegenseitigem Schutz und Beistand verpflichtet. Die Gentilordnung schrieb vor, gemeinsam erarbeiteten Feldertrag gemeinsam zu teilen, so dass es weder Arm noch Reich gab. Was in den Geschichtsbüchern heut als barbarische Produktionsweise bezeichnet wird. Doch nun fiel Siegfried ein Satz ein, den Rousseau knapp zweitausend Jahre später schreiben wird: »Der Boden gehört niemandem, die Früchte allen.« Also stürmte Siegfried des Nachbarn widerrechtlich angeeigneten Privatbesitz, zerstörte den Zaun, worauf Kunibert rasend vor Wut mit einem Pflock Siegfrieds Weib Sieglinde erschlug, was Siegfried veranlasste, aus Rache Kunibert samt Kuniberta mit zwei gewaltigen Schlägen niederzustrecken, dass das Blut wie Bäche über die Äcker floss. So begann nach der Barbarei das Zeitalter der Zivilisation.

Ich Ehemaliger

Hielten früher ewig Gestrige meine Texte für zu kritisch, hieß es: »Du hast wohl was gegen die DDR?!« Halten jetzt ewig Heutige meine Texte für zu kritisch, heißt es: »Du willst wohl die DDR wiederhaben?!« Und manchmal ist ein ewig Gestriger plötzlich ein ewig Heutiger. »Ihm ist vielleicht der Gegner DDR abhanden gekommen«, orakelte im September 2009 die »Welt am Sonntag«, und die Antwort könnte lauten: Ja, ich hatte was gegen die DDR, die mir abhanden gekommen ist und die ich so, wie sie war, nie wollte. Doch da war halt mal dummerweise in meiner Jugend so ein Traum von einer besseren Welt. Scheiden tut weh. Aber » ... der Traum wird geträumt werden bis zum Untergang der Welt. Menschen, denen das Träumen verwehrt wird, haben keine andere Heimat als den Wahnsinn. Auf den toten Gegner kann man jedes Feindbild projizieren, das vom Blick in den eigenen Spiegel abhält. Ein Kadaver kann dem Obduktionsbefund nicht widersprechen.« Das sind Sätze von Heiner Müller. Wenn Ihnen Heiner Müller nichts sagt oder nicht zusagt, was er sagt, zitiere ich halt Napoleon: »Die Wahrheit der Geschichte ist die Lüge, auf die sich eine Mehrheit geeinigt hat.« Na, was sagen Sie jetzt?

Oktober 1991 Ich wurde in der DDR geboren. Das war falsch von mir. Das Licht der Welt, das mich erblickte, hat mich geblendet. Wenn ich nun noch hinzufüge, dass meine Mutter in der für meine Entwicklung so wichtigen Stillphase Genossin war, ahnen Sie, welche Muttermilch ich einsaugen musste. Ich hatte eine saure Kindheit. Ich entsinne mich, dass ich bei den SED-Tanten in der Kinderkrippe immer auf Befehl aufs Töpfchen musste. Ich hätte einfach aufstehen und schreien müssen: »Ich mache die ganze Scheiße nicht mehr mit!« Aber ich war zu feige. Der Kölner Professor Niermann nannte DDR-Kinderkrippen völlig zu Recht »Zuchtanstalten, in denen Zuwendung und Zärtlichkeit durch das Betreuungspersonal streng untersagt« waren.

Ich bin deshalb bereit, im Sinne der Aufarbeitung der Vergangenheit meine Persönlichkeit von dieser Verwahrlosung zu befreien. Ich bin bereit, mit distanzierender Haltung heute zu sagen: Ich wurde in der *ehemaligen* DDR geboren. Auch möchte ich offenlegen, dass mein verstorbener Vater für sein Leben gern Broiler aß. Aber da es nicht nur die DDR nicht mehr gibt, sondern auch meinen Vater nicht mehr und Broiler auch nicht mehr, muss die Auskunft heißen: Mein ehemaliger Vater aß in seinem ehemaligen Leben in der ehemaligen DDR gern ehemalige Broiler. Sie sehen: Ich bin lernfähig. Freilich hatte es die frühere Generation leichter, da die nie von einem ehemaligen Dritten Reich sprechen musste.

Nur mit der Orientierung in Dresden habe ich trotz meiner Bemühungen, der neuen Zeit in die Augen und auf die Straßenschilder zu sehen, immer noch Schwierigkeiten. Jahrzehnte ging ich, wollte ich meinen Freund besuchen, immer die Thälmannstraße entlang rechts ab die Leningrader Allee über den Hauptbahnhof bis zum Salvadore-Allende-Platz. Ich weiß, dass ich heute die Wilsdruffer Straße entlang rechts ab die Petersburger Allee über den Hauptbahnhof zum Münchner Platz muss. Denn die Straßen wurden alle umbenannt, weil das alles Kommunisten waren. Aber eine Untersuchungskommission hat herausgefunden, dass Haupt kein Kommunist war, so dass der Hauptbahnhof seinen Namen behalten konnte. Ich weiß jetzt auch, dass ein Kollektiv heute Team heißt. Obwohl es ein

Kollektiv bleibt. Das freut meine Brigade. Ich begrüße meine Fortschritte, muss aber erschreckende Rückschläge gestehen: Als mir kürzlich ein Polizist erklärte, warum der Albertplatz früher Platz der Einheit hieß, als es noch gar keine Einheit gab, aber heute, da es die Einheit gibt, umbenannt wurde in Albertplatz, da verabschiedete ich mich von ihm freundlich mit den Worten: »Danke, Genosse Volkspolizist!«

Auch gestehe ich, dass ich mein bisheriges Lebens nutzlos vertan habe! Statt abends Börsenberichte zu studieren, statt allabendlich durch 13 TV-Kanäle zu zappen, um in den Reality-Serien zu erfahren, wie das wirkliche Leben ist, vertrieb ich mir die Abende mit Freunden, für die ich schon vorher Stunden verschwendete, um für sie indisch zu kochen. Auch schäme ich mich für die Stunden, in denen ich faul im Gras lag, den Blick auf ein paar Gänseblümchen.

Nein – der Sinn des Lebens wird mir erst heute bewusst, seit mir ein Inserat (WOLLEN SIE SCHNELL VIEL GELD VERDIENEN?) die Karriere eines Versicherungsvertreters eröffnet hat. Die Schlamperei, da ich in kollektiven Einheitsjeans meiner Zukunft begegnen musste, ist Gott sei Dank vorbei. Mein neues Outfit nach den Normen meines Versicherungsbüros: typischer Managerlook, Krawattennadel, schwarzer Geschäftskoffer, und vor allem immer Keepsmiling, auch wenn mir zum Kotzen ist – das alles macht nun endlich eine Individualität aus mir, die sich auf ihr ICH besinnen kann.

Dass ich überhaupt als verlotterter Ossi eingestellt wurde, verdanke ich einem Bewerbungsseminar. Dort lernte ich zunächst unter Anleitung eines Münchner Jungunternehmers, mit Messer und Gabel zu essen und andere über den Löffel zu balbieren. Nun kann es nicht mehr passieren, dass ich bei einem Bankett das Zitronenwasser, das zur Säuberung der Fettfinger bereitsteht, mit einem freundlichen »Prost« austrinke oder dass ich auf die Frage »Möchten Sie Créme fraîche?« antworte: »Nein danke, ich nehme immer noch Florena.« Ich weiß jetzt, wie ich auf meinen etwas zu klein geratenen Chef herabsehen muss, dass er den Eindruck hat, ich blicke zu ihm auf. Ich habe mich so lange dressieren lassen, bis ich mich frei bewegen konnte.

Leicht ist so eine Karriere nicht. Mit Gänseblümchen anschmusen ist da nichts zu machen. Mein Chef schleicht zweimal wöchentlich heimlich zum Seelenklempner, um sich bei Sitz-, Geh- und Kriechmeditationen selbst zu finden. Anschließend trifft er sich in der Männergruppe, um mit Leidensgefährten aus erdenem Ton seinen Schniedel zu töpfern. Das mobilisiert seine Endorphine.

Sie sehen: Ich habe noch ein langes Training vor mir, bevor ich eine von der Diktatur befreite Persönlichkeit bin. Doch ich bin schon dynamisch. Ich versuche, mir aufwendige Kundengespräche zu ersparen, maile die Angebote, gebe per Telefon die Konditionen bekannt und tippe die Zahlen in den Computer. Denn es gibt immer noch Kunden, die mich zu einem Schwätzchen bei einem Kaffee einladen. Sie merken gar nicht, dass sie mir mit ihren zeitraubenden menschlichen Kontakten das Geschäft versauen.

Zur Anschaffung der neuen Kommunikationsmittel musste ich zwar einen Kredit aufnehmen, aber wenn ich künftig auch nachts arbeite, werde ich ihn auch abzahlen können. Hauptsache, das Leben hat nun einen Sinn.

Schlecht gefrühstückt

Plötzlich sind die Banker die Deppen der Nation. Unser Bundespräsident macht sich zur Ulknudel, indem er von den Bankern Moral fordert. Als könne man im Aufsichtsrat einer Bank die heilige Mutter Teresa spielen. Die so heilig wohl gar nicht war. Glaubt man Aussagen von Ordensmitgliedern, verweigerte sie den Dahinsiechenden in den Armenhäusern Medikamente und ließ sie vor Schmerzen schreien. Weil Schmerzen gottgewollt seien. Und in einem Interview soll sie 1991 gesagt haben: »Das Leid der Armen ist eine große Hilfe für die Welt.« Dies hätte dann Mutter Teresa mit den Bankern gemein, was uns aber nicht zu deren Verurteilung berechtigt. Na gut – nichtvorhandenes Geld hin- und herschieben, das war ein bisschen doof. Um zu wissen, dass so was schief geht, reicht der Hauptschulabschluss an der Berliner Rütli-Schule. Aber Banker haben keine Hauptschule besucht, sondern die Eliteuni. Und da heißt das Hauptfach nicht Rechnen, sondern Mitschwimmen im freien Spiel der Kräfte. Haben Sie, Herr Köhler, uns das nicht auch gelehrt, als Sie noch Chef des Währungsfonds waren? Hätten Sie deshalb die Krise nicht erahnen können? Marx kam in Ihrer christlichen Ausbildung vielleicht nicht vor, aber von Jesus haben Sie sicher schon mal was gehört. Der hat bekanntlich die Händler aus dem Tempel verjagt mit den Worten: »Ihr habt aus diesem Orte eine Räuberhöhle gemacht.« Aber dann kehrten die Händler mit Hilfe der Kirche wieder in ihre Tempel zurück, so wie auch die Banker mit Hilfe der Politik wieder in ihre Banktempel zurückkehren werden, um weiterzuzocken. Warum hat denn die Regierung ein Milliarden-Nothilfeprogramm für die Banken beschlossen und kein Nothilfeprogramm für eine Milliarde hungernder Menschen? Weil Hungerleider keine Rendite bringen. Weil Hungerleider der überflüssigste Müll dieser Erde sind, mit dem sich nicht einmal durch Recyceln Geld machen lässt. Und Ihr Sparer, die Ihr euch zinsgierig faule Fonds andrehen ließet und nun eure Verluste bejammert, wisst Ihr, was euch die Banker zu Recht entgegnen werden: »Wenn wir der Kopf sind, muss auch jemand der Arsch sein. Das ist die Anatomie des Kapitals.« Und das, liebe Leserinnen und Leser, könnten wir alles wissen, hätten wir einst im Parteilehrjahr besser aufgepasst.

Juli 1992 Zeitunglesen gehörte lange zu meinem Frühstücksritual. Aber nun befürchte ich, ich könnte wieder irgendeine Schreckensmeldung lesen, die verursacht, dass schon am Morgen meine Stresshormone noch vor dem Start zum Endspurt ansetzen und dank fetter Leberwurstbutterbrötchen die Plaques in den Arterien genussvoll in die Hände klatschen. Damit ist jetzt Schluss. Vielleicht, dass mir noch ein fettgedruckter Titel über die Treuhand die Gräuel der Frau Breuel offeriert. Aber ich lese den Artikel nicht. Ich darf mich nicht mehr aufregen. Mein Arzt hat mich darauf hingewiesen, dass ich in ein Alter komme, das man Alter nennt. Und dass ich bald alt aussehen werde, wenn ich nicht jung bleibe. Seitdem beginne ich nun den Tag zeitungslos mit einem Frühstück, das ich mir nach eingehendem Studium aller Anti-Aging-Magazine aus Joghurt mit Leinsamen, verquirlt mit Tomatensaft und Olivenöl mische. Wie gesund diese Mixtur ist, spüre ich schon allein daran, dass mir anschließend immer speiübel wird und ich kopfüber im Klobecken lande. Dann geht es mir wieder gut, und der Appetit verlangt nach Leberwurstbutterbrötchen und Zeitung. Doch ich verzichte, konsequent wie ich bin, auf die Zeitung. Die würde mir sowieso nur mitteilen, dass bei der Olympiade in Barcelona der Pharmakonzern X den Pharmakonzern Y besiegt hat. Während ich ins Brötchen beiße, versuch ich mein schlechtes Gewissen mit dem Gedanken zu beruhigen, ab morgen die Diät wenigstens von Brötchen auf geriebene Semmel umzustellen. Das soll helfen. Eh ich die geschmiert hab! Und was die Zeitungsabstinenz betrifft, leb ich nun in einem seelischen Frieden, der mir die Couch beim Psychiater erspart. Ich steige flugs vom Frühstückstisch auf meinen Heimtrainer, um zum Zwecke ewiger biologischer Jugend so lange zu strampeln, bis mir im Wachkoma der Schaum vor dem Mund steht. Was tut der beautybewusste Anfangssechziger nicht alles für die Idealfigur, damit er beim nächsten Strandurlaub aussieht wie Johannes Heesters in der Pubertät. Und wenn ich dann am Ostseestrand dickbäuchigen Senioren begegne, bei denen der Meeresspiegel steigt, wenn sie ins Wasser gehen, dann weiß ich, dass sich Joghurtleinsamentomatensaftkotzen und Hometrainerschweiß gelohnt haben. Denn ich werd mich gesund und jung fühlen und garantiert so alt werden, dass ich die Klimakatastrophe noch persönlich erleben darf. Darauf freu ich mich.

Einheit spaltet

Zwanzig Jahre nach dem Mauerfall nennen manche die Wiedervereinigung das Scheitern der deutschen Teilung. Die Meinungsforscher bestätigen es uns allmonatlich: Die Ostdeutschen und die Westdeutschen lieben sich nicht so, wie sie sollen. Sie stiegen gemeinsam ins großdeutsche Bett, und im Sektrausch gelang ihnen eine von Lustschreien (»Wahnsinn!«) begleitete Umarmung. Das Vorspiel war der Höhepunkt. Doch das Nachspiel ist der Gipfel. Nun zeigt sich: Das war nicht Liebe auf den ersten Blick. Das war Liebe vor dem ersten Blick.

Oktober 1993 Ich muss Ihnen sagen: Ich kann das Jammern der Ostdeutschen über den angeblich arroganten Westdeutschen nicht mehr hören. Mit welchem Recht sollte beispielsweise ein Arzt in der Schwarzwaldklinik einen Blinddarm in Vorpommern umarmen, bloß weil dem der Wurmfortsatz juckt? Dieser Arzt braucht für sein Glück vielleicht ein Schwarzwaldmädel oder eine Schwarzwaldtorte – einen Blinddarm aus dem Osten braucht er nicht. Von einem Einmal-und-nie-wieder-Trip in die Zone vor zehn Jahren blieb ihm die Erinnerung an finstere Zöllner und finstere Straßen und Dreck, Dreck, Dreck. Kein Wunder, dass da einer aus dem Schwarzwald glauben musste, hier werde sibirisch gesprochen. Nein, dieser Arzt ist nicht auf die Straße gegangen, um die Ossilanten in sein Reich zu rufen, und kein Kanzler hat ihn gefragt, ob er mit den verlorenen Brüdern und Schwestern Inzucht treiben will. Nein, er wusste nicht, was die Schwarzwalduhr geschlagen hatte, als er plötzlich zur Solidarität zwangsverpflichtet wurde. Der Mann kennt Miami und Sacramento und den Strand von Hawaii – soll er da Sehnsucht haben nach einem Abenteuerurlaub im Naherholungsgebiet Bitterfeld? Nein, er kennt uns nicht, und er hat keinen Grund, uns kennenzulernen. Nach den Fernsehberichten über sowjetische Internierungslager und über KZ-ähnlich dahinsiechende Kinder in Schwerbehindertenheimen wusste er, was er schon immer wusste: Dieser sozialistische Staat war faschistoid. Und hatte er da recht? Er hatte recht! Er ist der Sieger. Da kann er nichts dafür. Wenn Sie, liebe Leser/innen, das arrogant nennen, dann bitte ich Sie, sich vorzustellen, die Schlesier hätten mit dem Ruf »Wir sind deutsch!« den Beitritt zur DDR erzwungen, und sie hätten uns friedlich überfallen mit ihrem Gebettel um ein paar Alu-Chips als Begrüßungsgeld, und sie hätten sich die Einkaufswagen vollgepackt mit unserem guten Spee und unserer guten Eberswalder Salami und unserem guten Radeberger, und sie hätten dabei freudig gerufen: Wir sind ein Volk! Und jeder von uns hätte sieben Prozent Oder-Neiße-Friedenszuschlag zahlen müssen, damit die Schlesierdeutschen endlich aufhören zu heulen, weil sie sich noch keinen Delikat-Käse oder Exquisit-Präsent-20-Anzug leisten können. Wir hätten die Beigetretenen bald verflucht: Lernt erst einmal richtig arbeiten!

Den verarmten Polen geht es besser als uns: Sie haben keinen reichen Onkel, von dem sie sich in die Arme nehmen lassen müssen. Sie müssen sich selbst helfen. Das bekommt dem Wohlstand schlecht. Aber der Würde gut.

http://www.weihnacht93.de

Aus dem Angebot: Weihnachtshit für Einsame/Antörn-Vibrator, das Lustgerät, das zu Ihnen spricht / statt 129 DM nur 59 DM + SÜSSER DIE GLOCKEN NIE KLINGEN + Neigen Sie zu exzentrischen Gaben? Ausrüstungsstücke des KGB, Panzerteile der Roten Armee, zaristische Nippes oder ein hübsches Kaviar-Service unter www.sovietsk-collection.com + NICHTS IST UNMÖGLICH + »Einem Querschnittsgelähmten gestattet die Pflegeversicherung täglich drei Ausscheidungen. Eine vierte Ausscheidung muss er mit schriftlicher Begründung genehmigen lassen.« + ALLES MUSS SICH RECHNEN + Richard von Weizsäcker 29.402 DM monatliches Ruhegeld, Edmund Stoiber 45.093 DM monatliche Einkünfte, Brandenburgs SPD-Wirtschaftsminister erhielt im Vorstand der Vereinigten Westfalen-AG 1 Million DM im Jahr + MORGEN KINDER WIRD'S WAS GEBEN + Rentnerschwemme, Krankenschwemme, Arbeitslosenschwemme, Alleinerziehende Mütterschwemme, Schwulenschwemme, Kurdenschwemme + Klaus Landowsky, Fraktionsvorsitzender der Berliner CDU: » Wo Müll ist, sind Ratten, und wo Verwahrlosung herrscht, ist Gesindel, das muss entfernt werden.« + ES IST FÜR UNS EINE ZEIT ANGEKOMMEN + »Das Boot ist voll!« + DIE BRINGT UNS LIEBE UND GROSSE FREUD + 150 000 Schulabgänger ohne Lehrstelle + THE FUTURE TOGET – HER NOW + 0190 331 331 – RUF AN! + Aus der Gebrauchsanweisung für das Computerspiel »Carmadeddon«: Sinn und Ziel der Simulation ist es, mit seinem Auto möglichst viele Fußgänger zu überfahren. + AM KRANZE DIE LICHTER SIE LEUCHTEN SO FEIN + Bringen Sie Leben in die Natur: Künstliche Nachtigall, echter Klang, ferngesteuert, für nur 43,70 DM + Millionen Kinder leben in Deutschland unterhalb der Armutsgrenze + Für Ihren

Kleinsten: Handy-Communikator Version 9114 mit Minitastatur und Graustufendisplay 2.133 DM + NICHTS IST UNMÖGLICH + Nach einer Umfrage unter Zwölfjährigen wissen 91 Prozent, wo der G-Punkt sitzt, 73 Prozent wussten nicht, wer Hitler war, 66 Prozent wussten, was oraler Sex ist, und 42 Prozent kannten nicht den Vornamen ihres geschiedenen Vaters + LUSTIG LUSTIG TRALALALALA + 2,7 Millionen Sozialhilfeempfänger + FOR A BETTER UNDERSTANDING + Asylmissbraucher, Kindesmissbraucher, Sozialmissbraucher GUT DASS WIR VERGLICHEN HABEN + In den von Millionären bevorzugten Wohngegenden wie Starnberg, Bad Homburg oder Tegernsee tendieren die Einnahmen des Fiskus aus der Einkommenssteuer gegen Null + WIR SIND DOCH NICHT BLÖD + KEHRT MIT SEINEM SEGEN EIN IN JEDES HAUS + Coca Cola plant per Satellit Werbung auf dem Mond + DIE TUN WAS + Was sonst noch passierte, aber kaum jemand interessierte: Hunderte Marschflugkörper auf den Irak abgefeuert + VOM HIMMEL HOCH DA KOMM ICH HER + DIE FREIHEIT NEHM ICH MIR + Designer-Feuerzeug 56,99 DM, Heimzapfautomat mit elektronisch gesteuertem Lichtspiel 88,70 DM, eine Stunde Liebe ohne Extras 100 DM + WER MEHR BEZAHLT IST SELBER SCHULD + Obdachloser erfroren + LEISE RIESELT DER SCHNEE + Das praktische Geschenk: Wärmedecke, Eiskratzer, Frostschutzmittel im Doppelpack 50 DM + DIE HOFFNUNG UND BESTÄNDIGKEIT + In 117 Ländern wird gefoltert + GIBT MUT UND KRAFT ZU JEDER ZEIT + In den nächsten fünf Jahren werden in Deutschland durch Erbschaft 2,6 Billionen Mark den Besitzer wechseln + SUSANI SUSANI SUSANI + Für stille Stunden: Jungfrauen-Muschi 99 DM + WIR ÖFFNEN HORIZONTE Einsteigermodell Actebis Targa Powerline ab 1 700 DM + Playstation XX12: Der 2. Weltkrieg neu geführt/

Wählen Sie, welches Land Sie überfallen/Atombombe ja oder nein?/Entscheiden Sie! – 240 DM + FIT FOR FUN + Zwei Barbiepuppen, drei Heinolieder, ein Lachsack, antiquarisch UND DEN MENSCHEN EIN WOHLGEFALLEN macht zusammengerechnet ... – Rechnung folgt.

Der Souffleur

(nach André Heller)

März 1994 In meinem Souffleurkasten, von dem aus ich dem deutschen Nationaltheater unter den Rock sehe, sitze ich ganz nah an den Schmierenkomödianten der politischen Bühne. Und wenn sie ihre Hauptrollen spielen, und wenn ich sehe, wie an ihrem Speichel ihre aalglatten Worte kleben, dann warte ich auf meinen Augenblick: Ich bin ihr Souffleur!

Ich hocke gliederverrenkt hinter dem Rednerpult im Bundestag, eingeklemmt zwischen den Beinen der Dauerredner. Ich könnte Herrn Blüm zum Stürzen bringen, wenn ich ihm die Fußbank wegzöge. Und die SPD-Genossen, die seit Jahren vor der CDU umkippen wie ein Ikea-Möbel? Au! Scharping tritt mir beim Reden auf die Hände! Und niemand ahnt, welches Gewicht Null-Lösungen haben! Doch wartet! Die Stunde meiner Vergeltung kommt!

> Ach, wenn sie mal bei ihren Reden
> mittendrin im Optimisteln
> nur einmal nicht weiterwüssten!
> Aus Verlegenheit ein Hüsteln!
> Wenn sie dann auf mein Stichwort hoffen,
> wird sich meine Rache zeigen!
> Wenn sie »Wie nun weiter?« winseln,
> sag ich, was sie tun solln: Schweigen!

Welch eine großartige Vorstellung: Schweigen im Bundestag! Ein Waffenstillstand für die Worthülsen. In meinem Ohr dröhnt noch der Kanzler 1990: »Keiner muss für die deutsche Einheit

Opfer bringen.« Was war der Rattenfänger von Hameln gegen den Stimmenfänger aus Oggersheim. Auf den Gemeinplätzen der Macht tanzen die Betrogenen ihren Siegesreigen im Takt der taktierenden Feiertagsredner. Denkfehler stören nicht so wie Sprachfehler. »Den Sozialismus in seinem Lauf halten weder Ochs noch Esel auf.« Das Stück wurde abgesetzt, aber ich blieb! Doch noch im Alptraum erscheinen mir die Knattermimen. Weh mir! Die Komödie hat Blähungen. Und ich, der Souffleur, sitze schon Jahrzehnte ruchnah an ihren Sprechblasen.

Ach, wenn sie doch nur schweigen könnten,
statt sich vor mir zu entblößen,
um in jeden Wind zu furzen
und mir den Gestank einflößen!
Oh, lasst mich doch Vergeltung üben
und ihnen die Löcher stopfen,
dass aus Mündern und aus Hintern
nie mehr solche Töne tropfen.

Seht! Die im letzten Akt Gestürzten warten schon wieder auf ihren Auftritt. Schabowski schwört lautstark dem Sozialismus ab, damit er im Darm der neuen Zeit überwintern kann. Die Gedankenmörder a. D. ziehen sich ihre Giftzähne aus dem Gehirn – so entstehen Gedächtnislücken. Doch da – da kommt mein Auftritt! Eh die deutsche Schaubühne ganz verkommt zur Saubühne, erhebe ich mich aus meinem Verschlag und trete ans Licht, ich, der Souffleur, schreie nun allen mein Schweigen entgegen.

Ach, endlich steh ich auf der Bühne!
Endlich bin ich an der Reihe!

»Bravo, schweigen Sie noch einmal!«,
hör ich die Da-capo-Schreie …

Und eine Minute – eine Minute lang hat Deutschland Pause. Eine Gedenkminute für die Opfer der schuldig gewordenen Worte. Eine Bedenkminute – bevor wir weiterreden.

Das Ende – ein Anfang

Mein zwanzigjähriger Sohn sitzt pizzakauend am Computer, mit der linken Hand sich per Tastatur mit Wikipedia und Google-News durchs Weltnetz surfend, mit der rechten Hand SMS-Botschaften ins Reich von Star-Wars sendend. Ich komme mir vergangen vor mit meinem Handy, auf dem ich nur telefonieren kann, weil ich mich mit Altersstarrsinn frage, warum ich auf einem Handy unbedingt simsen oder fotografieren soll? Ich will ja mit meinem Fernseher auch nicht kochen. Während mein Sohn die Zukunft programmiert, hege ich in letzter Zeit arge Zweifel, ob der Fortschritt wirklich dem Menschen dient. Oder glauben Sie daran, dass Sie schneller schwimmen können, wenn Sie Fisch essen? Natürlich benutze ich das Internet. Es ist großartig: Die ganze Welt vernetzt! Bald kann jedes Kind in Bangladesh mit Internet-Zugang ein Fernstudium an den Eliteuniversitäten in Stanford oder Cambridge absolvieren. Wenn es nicht vorher verhungert ist. Der Fortschritt schreitet. Ja, wohin schreitet er denn? In einem Friedensjahr sterben so viele Opfer an Hunger wie im 2. Weltkrieg in sechs Jahren durch Bomben. Ein Zwanzigstel der Rüstungsausgaben würde genügen, die schlimmste Armut in der Welt zu beseitigen. Eine Milliarde Menschen haben keinen Zugang zu sauberem Wasser, während in den Luxushotels der drittklassigen Welt Zehntausende Swimmingpools und beregnete Golfanlagen zur Freude der erstklassigen Welt Wasser vergeuden. Ich denke: Der Fortschritt schreitet fort. Weit, weit fort. So weit, dass ich ihn nicht mehr sehen kann.

April 1995 Mein Freund Gottfried hat eine Lebenskrise. Sein Computer ist ausgefallen. Gerade jetzt, da er mit seinem Geschäfts-partner kommunizieren muss, damit der Auftrag für die Firma nicht platzt. Gottfried wäre sogar bereit, ihm die Unterlagen persönlich zu überreichen. Sein Büro ist ja gleich schräg über die Straße. Mit dem Auto sind das höchstens dreißig Sekunden. Schließlich will er seinen engsten Kompagnon nicht enttäu-schen. Er kennt ihn ja schon seit vier Jahren. Aber wie soll er ihn finden? Gottfried weiß ja nicht, wie er aussieht. Er ver-kehrte mit ihm bisher nur per E-Mail. Und an das Geld für die Transaktion kommt Gottfried auch nicht ran. Er könnte seine Bank anrufen. Telefonbanking ist ja längst kein Problem mehr. Wenn er die Nummer wüsste. Denn seit er an seinem Apparat nur noch die programmierten Tasten drücken muss, hat er zunächst alle Telefonnummern und dann die Namen selbst seiner besten Freunde vergessen. Nur ab und zu plagt ihn das Gewissen: Ich müsst mich mal wieder beim dritten Knopf von oben melden. Glücklicherweise rief die Bank bei Gottfried an, dass ein Virus ihre Computer befallen habe. Alle Daten seien gelöscht. Nicht, dass der Banker sich stur stellt. Gottfried ist mit ihm per Anrufbeantworter eng befreundet. Aber auf einem ge-löschten Konto ist nun einmal kein Geld. Das musste Gottfried natürlich einsehen. Die Bank würde Gottfried mit einem Kredit entgegenkommen, wenn er sich legitimieren könnte. Aber wie soll er sein Geburtsdatum rauskriegen, wenn sein Computer Alzheimer hat? Die einzige Möglichkeit wäre, Gottfried ginge persönlich zur Bank. Aber er weiß nicht, wo sie ist. Und der Banker kann es ihm nicht sagen, weil der abgestürzte Computer der Bank die Anschrift der Bank vernichtet hat. Das wäre nicht das größte Problem. Aber die Bank sitzt nun auf ihren Millionen und weiß nicht, wem sie gehören. Das wäre nicht das größte Problem. Aber die Millionäre können ihre Millionen nicht nachweisen und sitzen im Minus. Sie müssten aufs Feld heimlich Kartoffeln roden, um sich zu ernähren. Das wäre nicht das größte Problem. Aber wie sollten sie die Felder finden? Sie wissen zwar, Geld stinkt nicht. Aber wie sollen sie noch wissen, wie Kartoffelkraut riecht? Aber das wäre nicht das größte Problem. Stellen Sie sich vor, der Virus hätte auch die Computer im Weißen Haus lahmgelegt. Sie könnten den US-Präsidenten nicht mehr alarmieren, in welcher Gegend der Welt er morgen die Menschenrechte retten muss. Da müsste sich der Präsident vielleicht noch persönlich auf die Socken machen, um zu erkunden, wo er eingreifen muss. Und dann landet er womöglich am Bosporus und nennt die Eingeborenen Bospo-Russen. Das ist alles schon in der Geschichte passiert. Auch Columbus ist statt in Indien in Mittelamerika gelandet und nannte die Eingeborenen Indianer. Aber das wäre nicht das Problem. Aber wenn ein Weltvirus alle Computerprogramme killt, ist die ganze Weltgeschichte gelöscht, und wir stünden wieder am Anfang. Die ganze Menschheit rauf auf die Bäume und noch mal von vorn beginnen. Das wäre vielleicht eine Chance?

Kunst und Honig

Zur feierlichen Einweihung des restaurierten Dresdner Staatsschauspiels wurden alle Chefs der Dresdner Theater gebeten, eine Festrede zu halten. Ich trug dem Stadtrat erfolglos meine Zweifel vor, ob die Kleinkunst im Tempel der hehren Kunst zu so einem Festakt am richtigen Platz sei, zumal das Parkett des großen Saales mit Ehrengästen gefüllt war, unter denen ich König Kurt nebst Landesmutter und den Oberbürgermeister mit seinem Hofstaat trotz der blendenden Scheinwerfer erkannte. Meine Stimme zitterte. Ich ahnte, was folgte: Verstörte Gesichter in den ersten Reihen und betretene Stille. Unendliche Stille. Bis aus den hinteren Logen sich ein erstes zaghaftes Lachen Richtung Bühne wagte, was von Satz zu Satz mutiger wurde, bis sich auch vorn in den ersten Reihen einige vom Hofstaat ein müdes Lächeln abzuringen versuchten.

Rede zur Eröffnung des Dresdner Schauspielhauses

1995 Verehrte Damen und Herren, der Kunststadt Dresden, so munkelt manch Nörgler, solle die Kunst weggestrichen werden. 23 Millionen Mark groß, so vermeldeten es die Zeitungen, sei das Loch des Oberbürgermeisters. Ich, Herr Oberbürgermeister, blicke optimistisch in dieses Loch. Wies uns doch mit Beginn der Marktwirtschaft vor fünf Jahren ein Kunsthonigproduzent den Weg, der trotz jahrzehntelanger Tradition vom Kunsthonig die Kunst wegließ, und heraus kam besserer Honig. Warum sollte dieses Experiment nicht auch mit einer Kunststadt gelingen? Kunst ist weglassen, heißt ein bekannter Imperativ. Ich habe bei meinen Texten in der Diktatur ganze Sätze weggelassen. Da sollte es doch in der Freiheit möglich sein, ein paar Einrichtungen einzusparen. Wir haben für all das Gejammer kein Verständnis! Die Philharmonie, hörte ich, bangt um Stellenkürzungen. Meine Herren: Viel Harmonie heißt noch lange nicht viel Harmoniker! Im Zeitalter der Elektronik könnte der Klangkörper durchaus auf einen Einmannunterhalter reduziert werden. Und wenn man den im Orchestergraben platziert, fällt das nicht einmal jemandem auf. Ich habe auch kein Verständnis für das Barmen der Operette: Der Sozialismus mit seiner unsäglichen Materialvergeudung gestattete es, für einen einzigen Fiedler auf dem Dach ein ganzes Haus zu okkupieren und eine ganze Geigertruppe im Orchester zu bemühen, um des Fiedlers Fiedel zum Fiedeln zu bringen. In der Leistungsgesellschaft könnten wir uns durchaus Gunther Emmerlich irgendwo in Dresden einsam auf einem Dach mit einer einsamen Geige vorstellen – dafür braucht man weder eine Operette noch ein Orchester. Wir würden auch erwägen, das Puppentheater einzusparen. Irgendwo in den Amtsstuben unseres Freistaates werden sich doch ein paar Holzköpfe finden lassen, die den Kasper spielen können. – Ich wäre bereit, in einem gewohnten Akt von Selbstzensur das Wort Holz vor dem Wort Köpfe zu streichen, um so auch meinerseits zum Einsparen beizutragen.

Meine Damen und Herren: Es wurde oft vorgeschlagen, Einrichtungen zusammenzulegen. Ich denke, dass man auch an diesem Haus Schauspieler und Schauspielerinnen zusammenlegen kann, und ich denke, einige könnten dabei durchaus Vergnügen empfinden, legt man sie mit Einfühlungsvermögen zusammen und nicht mit dem Rechenschieber. Einfallsreiche Regisseure haben schon Faust und Mephisto zu zwei Seelen in einer Brust vereint, warum sollte man da nicht beispielsweise einen bekannten Mimen Hänsel und Gretel spielen lassen oder die Sieben Zwerge? Was der damit freigesetzten jungen Generation am Theater der Jungen Generation die Möglichkeit gäbe, sich mit den Alten Meistern der Gemäldegalerie zu vereinen. Deutschlandweit könnten diese leuchtenden Beispiele im finsteren Zeitalter der Rezession einen Funken der Hoffnung schlagen. Kunstflieger vereinen sich mit Kunstmalern, Kunstblumenhersteller mit Produzenten von Kunstdünger, ein Chirurg könnten Ihnen künftig den Blinddarm durch die Mundhöhle entfernen, weil er sich mit einem HNO-Arzt verschmolzen hat. Und wenn man einigen Ratsherren nachsagt, sie würden sich bei der Subventionierung von Kunst wie Elefanten im Porzellanladen benehmen – legen wir doch das Dresdner Elefantenhaus mit dem Dresdner Rathaus zusammen, da hätte die Stadtverwaltung endlich ein Publikum, das ihre Kunststücke bewundert. In diesem Sinne: Sparflamme frei!

Alles, was recht ist

Die Ausstellung über die Verbrechen der deutschen Wehr-
macht konnte in Dresden nur unter starkem Polizeiaufgebot
eröffnet werden. Die versammelten Nazis sangen »von der
Etsch bis an den Belt«, und einige Polizisten bewiesen ihre
Textsicherheit. »Deutschland über alles in der Welt.« Der
damalige Oberbürgermeister hatte die Nazikundgebung
genehmigt, eine Gegendemo verboten und jede Äußerung
zur Ausstellung verweigert mit der Begründung, er »wolle
Bürgermeister aller Dresdner« sein, was die Deutung zuließ,
er wolle auch Bürgermeister der Nazis sein. Glücklicherweise
fand sich ein katholischer Pfarrer, der die Glocken seiner
Kirche so laut schlagen ließ, dass die Rede des NPD-Chefs
in Scherben fiel.

März 1998 Ich hab es ja immer schon gewusst: Die Wehrmacht
war eine nette saubere Truppe. Enthüllungsspezialisten konnten
dem Geschichtsverdreher Reemtsma endlich beweisen, dass in seiner deutschfeindlichen Wehrmachtsausstellung von Tausenden
Dokumenten ein paar Fotos gar keine Wehrmachtsgräuel zeigen,
sondern stalinistische Massaker. Was Beleg genug ist, dass Hitlers
Friedensscharen niemals Befehle zur Judenausrottung befolgten.
Das ist, als wäre in einer Ausstellung über SED-Verbrechen ein
Foto, das brutal auf Andersdenkende niederknüppelnde Polizisten zeigt, in Wirklichkeit bei der Niederschlagung einer
Westberliner APO-Demo aufgenommen worden und damit wi-
derlegt, dass die DDR eine Diktatur war.

Dass die Wehrmacht Juden gar nicht ausgerottet hat, beweist
allein die Tatsache, dass heute noch sogenannte ehemalige
Zwangsarbeiter die deutsche Wirtschaft mit unverschämten An-

sprüchen schikanieren. Reicht ihnen denn nicht unsere Betroffenheit, deren Größe sich in den Stelen des Holocaust-Denkmals manifestiert, das in Berlin von unserer zu Stein erstarrten Vergangenheitsbewältigung künden soll? Davon können sich diese Zwangsarbeiter eine Scheibe abschneiden. Wo kämen wir hin, würden alle, die irgendwann einmal unter deutscher Geschichte gelitten haben, heute finanzielle Forderungen erheben?! Sollen wir etwa Millionen von Negern unsere D-Mark in den Urwald schicken, nur weil sie wegen ihrer einstigen Schwarzarbeit als Sklaven Ansprüche stellen?

So weit kann Gerechtigkeit nicht gehen. Und sie geht bei uns schon weit. In wenigen Tagen soll Krenz in den Knast. Recht so: Er war am Schießbefehl mitschuldig. Das war im Kalten Krieg. Dummerweise aber war er 1989 auch mitschuldig am Nichtschießbefehl. Was den Egon Bahr zu der Bemerkung hinriss, dafür verdiene er das Bundesverdienstkreuz. Das kann nur einer sagen, der auch Egon heißt. Na gut, Stauffenberg hat sich als Weltkriegsgeneral auch an Millionen Toten mitschuldig gemacht. Das war im heißen Krieg. Aber heute ehren wir ihn, weil er dem Hitler eine Bombe unter den Tisch legte. Hätte Krenz dem Honecker eine Bombe unter den Schreibtisch gelegt oder der Honecker dem Hitler oder der Hitler dem Krenz – jeder hätte zum deutschen Nationalhelden werden können.

Vergleiche hinken. Deshalb begrüße ich es, dass der böse Markus Wolf dahin soll, wo ihn keiner mehr sieht: in die Zelle. In den achtziger Jahren hat mir der Westen diesen Mann als einen Reformer und Hoffnungsträger präsentiert. Die Geheimräte um den Ex-BND-Chef Klaus Kinkel wussten damals sicher noch nicht, dass Wolf ein gefährlicher Spion war.

Die beiden im selben Ort geborenen Arztsöhne Kinkel und Wolf einte der Berufswunsch. Sie wollten beide Spionagechef werden und dem Vaterland dienen. Glücklicherweise gab es zwei deutsche Vaterländer, so dass jeder eins abbekommen konnte. Der Klaus suchte sich den untergehenden Kapitalismus aus, der später der siegreiche wurde, und der Markus suchte sich den siegreichen Sozialismus aus, der später untergehen sollte. Hätten sie sich anders entschieden, wäre der Markus heute Außenminister und Klaus Angeklagter. Die Geschichte eierte in die richtige Richtung, und in ihren Annalen wird stehen, dass der eine ein guter und der andere ein böser Spionagechef wurde.

»Der Unterschied liegt darin, dass die bundesdeutschen Geheimdienste zum Schutz der Bundesrepublik tätig geworden sind, die DDR-Nachrichtendienste hingegen zur Gefährdung ihrer Sicherheit beigetragen haben.« So urteilten die obersten weisen Bundesrichter.

Das ist aber auch unverständlich, dass der DDR-Oberspion nicht zum Schutz der Bundesrepublik tätig war. Das muss er nun büßen. Nur ein verurteilter Verlierer ist ein guter Verlierer.

Aber Gerechtigkeit muss sein. Täter gehören hinter Gitter. Ich vermute, der Europäische Gerichtshof hat schon seine Spürhunde auf die Fährte von Jelzin gesetzt, um ihn wegen Massenmord in Tschetschenien anzuklagen. Und alle ehemaligen amerikanischen Präsidenten zittern vor der gerechten Strafe für ihre Unterstützung blutiger Militärputsche in Bolivien, Uruguay und Chile und für die Mauertoten an der mexikanischen Grenze und für den Völkermord ihrer Vorgänger an den Indianern. Und, wie man hörte, sollen sich ja im vietnamesischen My Lai und Son My ein paar GIs im Umgang mit den Gastgebern auch etwas vergriffen haben. Jedenfalls: Ganz nach Knigge war das alles nicht. Und in Frankreich liegen schon die Handschellen bereit für jene, die Diktatoren wie Mobutu oder »Baby Doc« Duvalier einschließlich deren beschmutzter Millionen Asyl gewährten.

Das wird eine Zeit, wenn alle, an deren Händen Blut klebt, und jene, die diese Bluthände geschüttelt haben, ins Gefängnis müssen! Aber dann müsste ja die Welt aus dem Knast regiert werden.

Die Roten kommen

Gleich nach der Klimakatastrophe und der Finanzkrise sind die Linken das größte Schreckensszenario. Nach der Saarlandwahl hätte Frau Merkel dem Lafontaine am liebsten eine Briefbombe gefaxt, nachdem es ein Jahr vorher in Hessen noch mal gelungen war, den Weltuntergang zu verhindern. Dort war die mediale Hexenjagd auf Frau Ypsilanti wegen ihres beabsichtigten Paktes mit dem Teufel in vollem Gange. Nicht, dass ich Ypsilantianbeter gewesen wäre – aber bei Hexenverbrennungen stehe ich immer auf Seiten der Hexen. Diesen Medien war es kaum eine Meldung wert, als sich Monate später herausstellte, dass die vier »ihrem Gewissen folgenden« hessischen Abweichler noch kurz vor ihrem Abweichen die Parteichefin zur Zusammenarbeit mit den Linken ermutigt hatten, um daraufhin ihrem Gewissen zu folgen und mit einem Abgesandten aus dem Hause Koch geheime Gespräche zu führen, wie man die Ypsilanti verhindern könne. Denn eine Frau und links – das ist in diesem Land eine Behinderung zu viel. »Der Spuk muss weg!« hat Koch nach dem Scheitern von Rot-Rot gesagt. »Befreit Deutschland vom Marxismus!« Ach nein, das war ja die Wahlparole der Nazis.

Ein Schreckensszenario

September 1998 Ein Land wähnt sich in Sicherheit. Der Kommunismus sei untergegangen, hämmern die Ticker seit Jahren in die Hirne des Volkes, derweil die Kampfgefährten Stalins zum neuen Aufbruch blasen. Nur ein Pfarrer Hintze mahnt nimmermüde vor roten Socken und verschlungenen Händen. Aber noch wollen die deutschen Medien die Gefahr nicht wahrhaben. Während im Untergrund schon der rote Countdown läuft, trällern auf den Kanälen unbekümmert des Volkes Musikanten. Aber der harmonische Schein trügt. Schon kriechen Tausende PDS-Mitglieder aus ihren Altersheimen, besetzen den »Spiegel« und setzen Karl-Eduard von Schnitzler als kommissarischen Chefredakteur ein. Während in »Wetten dass« Thomas Gottschalk den Papst empfängt, der zehn Flughäfen am Geschmack erkennen will, glauben ein paar bayerische Hellseher nicht mehr dem fröhlichen Spiel und warnen vor der kriminellen Bande aus dem Osten. Zu spät. Schon stürmt die Kommunistische Plattform die Zentrale des BND. In der Maske von Erich Mielke verhaftet Sahra Wagenknecht den gesamten bundesdeutschen Geheimdienst und droht den Gefesselten, sie nacheinander zu vergewaltigen. Die BND-Mitarbeiter beteuern schweißnass, sie hätten wie immer nichts gewusst. Derart unbeobachtet, ziehen Hunderte Inostoren gen Westen und schreiben rote Zahlen über dem Ruhrgebiet. Dem sozialistischen Großkombinat Krupp-Thyssen wird der verpflichtende Name Günter Mittag verliehen. Nun müssen auch die Westdeutschen nicht mehr auf Ostprodukte verzichten. Ein Regierungssprecher a. D. ruft die Landsleute westlich der Elbe auf, sich für Fit, Rondo und Süßtafeln dankbar zu zeigen. Die westdeutschen Brüder und Schwestern schlucken alles ängstlich hinunter, denn die Ostdeutschen drohen mit der Faust in der Tasche.

Die Lage im Land wird unübersichtlicher. Gerüchte besagen, die Münchner Staatskanzlei sei von den Montagsdemonstranten kampflos eingenommen worden. Stoiber soll in den Kleidern von Margot Honecker nach Oberammergau geflohen sein. Nur Gauweiler verkündet mit Optimismus, man werde auch künftig in Bayern mit »Grüß Gott« und nicht mit »Rot Front« grüßen. In einem letzten Verzweiflungsakt gründet Innenminister Kanther eine schnelle Eingreiftruppe, aber auch die ist längst kommunistisch unterwandert und läuft im FDJ-Hemd über.

Aus dem Bundestag dringen schockierende Meldungen: Alle FDP-Abgeordneten bieten ohne Fraktionszwang den neuen PDS-Machthabern die Koalition an. Umweltministerin Merkel setzt sich unbemerkt in einem Castor-Behälter nach Gorleben ab. Pastor Hintze bietet den Kommunisten eine Schwarze-Socken-Kampagne an und fleht Regierungschef Gysi an, ihm in den Hintern kriechen zu dürfen. Er sei diesen Platz so gewöhnt. Nur der Kanzler sitzt noch auf seinem Stuhl und ruft trotzig: »Ich bleibe hier!« Die SPD verhält sich wie immer, indem sie sich nicht verhält. Oskar Lafontaine soll zwar Lothar Bisky den Bruderkuss angeboten haben, aber Gerhard Schröder bleibt dabei: Er will sich von der neuen PDS-Regierung nicht wählen lassen.

Das Land ist gelähmt. Nur manchmal hört man am Biertisch ein klagendes »Es war nicht alles schlecht in der BRD«. Aber alle wissen jetzt: Es gab im Wahljahr ein paar mutige Mahner, die dieses Horrorszenario vorausgesagt hatten. Keiner soll also jetzt sagen, er habe von der roten Gefahr nichts gewusst.

(K)eine gute Idee

Januar 1999 Gestern beim Baden hatte ich eine Idee. Ich hab sie vergessen. Ich weiß nur noch, dass es eine großartige Idee war. Für einige Sekunden hat mich die brachiale Genialität meines Geistesblitzes mental erschüttert. Aber als ich mich Stunden später bemühte, dass mir mein Einfall wieder einfällt, fiel er mir nicht mehr ein. Seitdem bohrt mein Gehirn unaufhörlich Gänge, um auf die goldene Gedankenmine zu stoßen. Aber in den Gängen bleibt es dunkel, und kranke Zellen der Verzweiflung wuchern aus den Tiefen des Vergessens. Und das alles nur, weil ich die Idee nicht sofort notiert habe, als es noch eine Idee war. Aber auf die Idee bin ich nicht gekommen. Und wer trägt in der Badewanne schon Kuli und Zettel in der Hosentasche? So muss es Gott ergangen sein, als er beim Baden im Ozean der Unendlichkeit vor sich hinplanschte und plötzlich für Sekunden eine große Idee hatte, wie er eine gerechte Welt voller friedensfähiger Menschen erschaffen könne. Aber er vergaß es aufzuschreiben. Und als er aus Lehm sein Modell zu basteln begann, hatte er die Idee vergessen. So was kann passieren. Auch Gott ist nicht mehr der Jüngste. Und weil Gott Menschen nach seinem Bilde schuf, litten die Menschen seit Menschengedenken auch alle unter Vergesslichkeit. Sie hatten immer wieder einmal für Sekunden geniale Ideen, wie man diese Mutter Erde samt der auf ihr lebenden buckligen Verwandtschaft vor dem Untergang retten könne. Sie begannen für diese Ideen zu beten, zu sterben, zu leiden. Noch unter dem Fallbeil glaubten sie an ihre Idee. Aber sie wussten nicht mehr, was für eine Idee es war, die ihnen Freiheit und Gleichheit und Brüderlichkeit versprochen hatte. Sie hörten die Propheten »Folgt uns!« rufen, schritten fort ins Verderben und nannten es Fortschritt. Und als sie auf den

Trümmern ihres Glaubens saßen, bohrten ihre Hirne Gänge, um herauszufinden: Da war doch mal was?! Ach ja, eine Idee! Die Gänge blieben dunkel: Die Menschen konnten sich nicht mehr an die Idee erinnern. Aber sie glaubten noch an sie. Denn selbst diejenigen, die erschossen, enthauptet, geviertelt in den Schützengräben der Ideen herumlagen, wussten noch, dass es eine großartige Idee war.

Offensichtlich aber hat sich nun die Menschheit entschlossen, keine großen Ideen mehr zu gebären. Weil sich im Laufe von Millionen von Jahren herumgesprochen hat, dass im Namen von Ideen immer Millionen von Menschen ins Gras des Schlachtfeldes beißen mussten. Heute will einer Idee wegen keiner mehr auf die Barrikade. Ein voller Bauch riskiert nicht gern den Bauchschuss. Nur wer wirklich Hunger hat, lässt sich noch mit revolutionären Ideen füttern. Wer vor der Schlachteplatte sitzt, was sollte den aufs Schlachtfeld ziehen? Andererseits: So ganz ohne Idee leben, ist auch keine gute Idee. Selbst mit der verlogensten Utopie lebt es sich leichter als mit gar keiner. Wenn ich Sisyphos gleich einen Stein den Berg hinaufrolle, möchte ich wenigstens trotz besseren Wissens glauben, dass der Stein auf dem Gipfel liegenbleibt. Ich möchte mir nicht eingestehen, dass er den Berg wieder herunterrollt und die sinnlose Plackerei von vorn beginnt. Wenn das Ziel die Wahrheit ist, muss man sich ständig selbst belügen, um der Wahrheit näherzukommen. Natürlich muss der Stein wieder vom Gipfel herunterrollen. Schon deshalb, damit ich mich mit ihm erneut bergauf schinden kann. Und wir wollen doch, dass es immer weiter bergauf geht. Warum wir das wollen? Das hab ich vergessen. Gestern in der Badewanne wusste ich es noch. Ich hatte mal eine Idee …

Die Leiche lebt

Aus einer Doktorarbeit einer jungen Studentin über Kabarett und Staatssicherheit erfuhr ich erst jetzt, dass mich Mielkes Konsum eines »operativen Vorgangs« würdig hielt, weil ich im Verdacht stand, »durch meine Tätigkeit in der Öffentlichkeit die staatliche Ordnung oder deren Organe oder deren Tätigkeit herabzuwürdigen«. Ich war so viel Aufwand nicht wert. Feigheit fraß oft Mut auf. Trotzdem war das gut beobachtet, denn tatsächlich bemühte ich mich redlich, die Tätigkeit öffentlicher Organe herabzuwürdigen. Denn die öffentlichen Organe von Partei und Regierung taten grad erfolgreich alles, um mit ihrer Tätigkeit jedes Vertrauen in diesen Staat DDR zu besiegen. Sie herabzuwürdigen hätte eigentlich Aufgabe der Staatssicherheit sein müssen, um zur Sicherheit des Staates beizutragen. Als mich herabwürdigend empfand ich es lediglich, als ich in einem in dieser Doktorarbeit protokollierten IM-Bericht las, dass ich von Peter Ensikat, mit dem ich die meisten Kabarettstücke schrieb, »in sehr starkem Maße beeinflusst wurde. Offensichtlich steht in diesem Duo Schaller in einer gewissen Abhängigkeit.« Dies zu lesen tat weh und trübte meinen Widerstandsrückblick. Unter besonderer Beobachtung stand unsere Kabarettrevue »Überlebenszeit«. Das Ministerium für Staatssicherheit ordnete zur besseren Kontrollmöglichkeit der Texte einen heimlichen Tonbandmitschnitt zur Voraufführung des Programms an, der aber (so der Bericht des IM weiter) »scheiterte, weil die Technik des MfS versagte«.

Februar 1999 Wie so manches deutsche Genie feiert auch die Stasi erst nach ihrem Ableben die größten Erfolge. Aus neuen

Managerpositionen beobachten die alten Schreibtischtäter, wie ihre Saat aufgeht. Die Krake Stasi hat uns voll im Griff. Zehn Jahre, nachdem ihr die Fangarme abgehauen wurden, ist die Leiche immer noch nicht totzukriegen. Kürzlich hat es, las ich, einen Arzt erwischt, der zur falschen Zeit am falschen Ort leitender Arzt war, ein international anerkannter zudem, aber halt in dieser Position zu Kontakten zur Stasi verpflichtet und nun nach Aktenverklärung wegen Staatsnähe zur Diktatur entlassen. Dies erfahre ich zum Zeitpunkt, da Emanzen-Emma Alice Schwarzer von der Hitlerfreundin Leni Riefenstahl schwärmt: »Wie alle ist auch die Riefenstahl nur ein Mensch, in dem Falle noch ein weiblicher dazu. Also bescheiden im Auftritt.« Aber dieser Arzt war halt nicht weiblich und kein Hitlerfreund und also kein Mensch. An ihm wird das Sperma einer vor zehn Jahren verreckten Ausgeburt ewig kleben, dass er nun einer voyeuristischen Öffentlichkeit zeigen muss. Heb dein Hemd hoch und zeig der Menge deine Scham! Die Peepshow hat verlängerte Öffnungszeiten.

Wie gut sind die Ostdeutschen dran, die heut 50 sind, aber offensichtlich erst nach 1990 geboren wurden. Und die Westdeutschen erst, die schon vor 1990 gelebt haben dürfen. Die hatten keine Stasi. Trotzdem, meine westdeutschen Brüder, stellt euch auch der Presse. Nur Mut. Man braucht ja nicht unbedingt eine Stasi, um mal irgendwann im Leben ein Schwein gewesen zu sein. Zur Not schafft man's auch so. Dann stünden wir alle, Ost und West endlich vereint, mit unseren Verfehlungen am Medienpranger und büßten für unsere Sünden: Wo wir dem Nachbarn ein gutes Wort versagt haben, das er fürs Überleben gebraucht hätte, wo unsere Liebe der Karriere galt, statt unseren Kindern, wo wir mit Lust einem Arbeitskollegen in den Arsch traten, um den eigenen zu retten. Und wo wir uns eifrig in

Staatsgehorsam übten, ohne dass uns jemand dazu zwang. Und der weise Salomo käme und müsste ein ganzes Volk auswechseln und sich im Supermarkt ein neues, besseres suchen. Vielleicht fänd er ein Schnäppchen. Wenn nicht, dann müssen wir halt mit denen, die nun mal zufällig da sind, weiter zusammenleben. Was bleibt uns übrig. Wir haben ja nur uns.

Lob der Faulheit

Dass ich vor zehn Jahren der Faulheit ein Lob zollte, hat mein Nachbar nie verstanden. Galt nicht einst der Deutsche als fleißig, ordentlich, gründlich und hygienisch sauber?, erinnerte mich mein Nachbar. Wo ist er denn jetzt hin, der deutsche Fleiß? Ich sag's dir: Ausgewandert ist er. Zu den Chinesen. Ich war als Pauschaltourist voriges Jahr in Peking, sagt mein Nachbar. Da ziehen sie ein neues Hochhaus hoch an der Stelle, an der das alte noch gar nicht abgerissen wurde. In Dresden hätten die Chinesen die Waldschlösschenbrücke schon gebaut, da hätte sich die Elbe noch gar kein Flussbett gegraben! Ich sag's dir: Schlitzaugen gepaart mit deutschem Fleiß – das ist die gelbe Gefahr! Die rasen in China mit unserem Transrapid in die Zukunft, und wir strampeln mit chinesischen Treteseln. Und was sehn wir grade noch am Ende des Lichts? Den Tunnel! Ich war mal als Pauschaltourist in Namibia im Eduscho-Park. Sagt mein Nachbar. Da haben wir vor hundert Jahren die Heteros extra verjagt. Sagt mein Nachbar. Und wer setzt sich wirtschaftlich heute dort fest? Der Chinese! In unserer Kolonie! Sagt mein Nachbar. Rindfleisch, Kupfer, Diamanten – alles kaufen die billig auf. Wir stecken alles rein, und die holen alles raus! Was soll denn aus Deutschland werden? Eine chinesische Provinz? Nach dem Krieg kamen die Russen, da musste ich in der Schule russisch lernen. Nach der Wende kamen die Bayern, da musste ich als Atheist mit »Grüß Gott« grüßen. Aber eines Tages wird der Chinese kommen! Und ich sag's dir als Pauschaltourist: Wenn du erst mal Chinesisch lernen musst, kriegst du Sehnsucht nach Alzheimer! Sagt mein Nachbar.

Januar 2000 Vor zwei Jahren bewies der Hamburger Soziologe Dr. Roethe ganz wissenschaftlich, dass wir Ostdeutschen faul sind, dass wir lieber Frühstücksfernsehen gucken statt ranzuklotzen und uns »mit Abermilliarden von DM aus westlichen Arbeitsleistungen verköstigen«. Ein empörter Aufschrei drang damals aus ostdeutschen Kehlen. Ich aber fühlte mich in meinem Hang zur Faulheit ertappt. Doch ich schämte mich nicht. Faulheit, so finde ich noch heute, ist eine wunderbare Eigenschaft. Faulheit ist die Mutter allen Fortschritts. Wer, bitte schön, hat denn zum Beispiel das Fahrrad erfunden? Garantiert einer, der zu faul zum Laufen war. Also: Ich hätte es nicht erfunden. Ich wäre zu faul dazu gewesen. Ich fahre auch nicht Fahrrad. Das ist mir zu anstrengend. Das muss das ostdeutsche Gen sein. Um es klarzustellen: Ich lasse auch keinen Westdeutschen für mich fahren. Da irrt Herr Dr. Roethe.

Nun aber erklärt mir mein Kanzler, ich hätte kein Recht auf Faulheit. »Wer einen zumutbaren Job ablehnt, muss mit Sanktionen rechnen.« Na, das wollen wir doch mal sehen! Nehmen wir mal an, ich hätte einen ordentlichen Beruf. Nehmen wir an, ich wäre, sagen wir mal, Probeschläfer in der Bettenabteilung bei Höffner. Ein Acht-Stunden-Tag also, bei dem man sich vom Schlafen nicht ausruhen kann. Aber eines Tages: Entlassung. Arbeitslosengeld, runde Eintausend auf die Kralle. Und nun kommt der Kanzler und sagt: »Du bist noch rüstig, Schaller, stell dich ans Fließband von der Mülltrennanlage. Für knappe Achthundert.« Ich bitte Sie: Da leg ich mich doch lieber weiterhin in den Liegestuhl in meinen Kleingarten und zähle Grashalme! Selbst bei diesem Scheißwetter! Ich würde also dem Kanzler ganz ruhig sagen: »Schicken Sie doch den abgetretenen Mannesmann-Chef Esser in die Mülltrennung! Der ist nicht unrüstiger als ich! Und die 60 Millionen Abfindung, die Herr Esser erhalten hat, verteilen Sie bitte an all jene, die schon jahrelang im Dreck und Gestank der Müllfließbänder stehen. Damit die auch mal ein Recht auf Faulheit haben!« Jawohl, so glasklar hätte ich das dem Kanzler gesagt. Weil ich es allen gönne, im Liegestuhl zu liegen und Grashalme zu zählen.

Nein, Herr Kanzler, nicht Faulheit ist an den hohen Arbeitslosenzahlen schuld. Ich will Ihnen mal eine einfache Rechnung aufmachen: Deutschland hat knapp vier Millionen Arbeitslose. Und sechs Millionen Beamte. Das sind schon elf Millionen, die keine Werte schaffen. Dazu kommen zwanzig Millionen Rentner und Vorruheständler, zwölf Millionen Kinder, Schüler und Studenten, acht Millionen Hausfrauen, knapp zwei Millionen, die in den Medien herumhocken, dann die Künstler und solches Volk, wo wir früher gesagt hätten: Geschwüre am Arsch der Arbeiterklasse!, und dann sind noch eine Million krank, weitere fünf Millionen gerade im Urlaub und zwei Millionen während der Arbeitszeit beim Frisör oder einkaufen. Deutschland hat 80 Millionen Einwohner und 90 Millionen davon arbeiten nicht! Da muss ich nun doch dem Kanzler recht geben: Das kann nicht gut gehen. Da muss ich einsichtig und trotz meines Rechts auf Faulheit bereit sein, meinen Job als Probeschläfer in der Bettenabteilung wieder aufzunehmen. Denn wie sagte schon die Dichterin Henriette Mahlsdorf? »Wir müssen alle unser Leben ändern. Für den Anfang reicht es, länger zu schlafen.«

Gute Nacht.

Umweltschmerz

Zur Zeit wird viel über genmanipulierten Mais diskutiert. Soll man den anbauen? Ist das gefährlich? Bei der Gentechnik wird die DNA verändert. Und da warnen nun die Umweltschützer, es könnten bei der Nahrungsaufnahme Gene von manipulierten Pflanzen in unseren menschlichen Körper gelangen. Und dann werden wir alle resistent gegen Blattläuse. Ich hab nichts gegen Genforschung. Da gibt es zum Beispiel mit Fruchtfliegen erfolgreiche Experimente: Forschern ist es gelungen, bei der Fruchtfliege ein Gen auszuschalten, und was geschah? Die Fruchtfliege wurde doppelt so alt. Und das geht beim Menschen auch. Wenn man das Lebensalter der Fruchtfliege auf das Lebensalter des Menschen umrechnet, könnte ich 160 Jahre alt werden. Ich weiß nur nicht, ob das meiner Frau recht wäre. Ich weiß nicht einmal, ob es mir recht wäre. Mein Misstrauen gegenüber der Gentechnik wird wohl auch genährt, seit ein Forscher beim Versuch, Albert Einstein zu klonen, aus Versehen ein Gen verwechselt hat. Das Gerücht sagt, so seien die Jacob Sisters entstanden.

Ich bin dafür, die Menschheit vor genmanipuliertem Puffmais zu schützen und die Hufeisennasen vor betonierten Elbtalbrücken und die grönländischen Eisberge vor dem Anblick von Frau Merkel. Aber wenn die Umweltschützer den deutschen Autofahrer auch noch vor den Abgasen des eigenen deutschen Autos retten wollen, dann beginnt die Sache mächtig zu stinken.

Wortmeldung eines deutschen Autofahrers

März 2000 Umweltminister Trittin glaubt immer noch, sein Ministerium habe die Aufgabe, die Umwelt zu schützen. Mit einer Ökosteuer. Und wissen Sie, wer laut Trittin schuld ist an der Umweltzerstörung? Angeblich wir Autofahrer mit den stinkenden Abgasen unserer Autos! Aber ich sage Ihnen jetzt, wer wirklich die Umwelt verpestet: Amerikanische Wissenschaftler haben in jahrelangen Analysen nachgewiesen, dass die derzeit auf der Erde lebenden Menschen mit ihren eigenen Methangasen die Umwelt mehr zerstören als alle Autos mit ihren Abgasen. Wenn Sie also für die Umwelt etwas tun wollen, Herr Minister, dann sollten Sie nicht mehr uns Autofahrer abzocken, sondern dafür sorgen, dass es nicht mehr so viele Arschlöcher auf der Welt gibt. Entschuldigung, Herr Minister, aber so deutlich muss das einmal gesagt werden! Natürlich muss man die Umwelt schützen. Aber manchmal habe ich auch den Eindruck, man muss die Umwelt auch vor den Umweltschützern schützen. Machen wir ein Beispiel: 32 Rentner werden täglich in Europa überfahren. Hab ich gelesen. Aber was machen die Umweltschützer? Bauen Froschwege über die Autobahn! Mich würde es nicht wundern, wenn sich künftig ein Rentner grün anmalt, nur um als Kröte heil über die Straße zu kommen. Gut, es gibt Tiere, die sind vom Aussterben bedroht. Einverstanden. Zum Beispiel die Jamaika-Ferkelratte. Hab ich gelesen. Aber mal ehrlich, Herr Minister: Wenn Sie sich beim Bummel über die Berliner Friedrichstraße im Lafayette einen neuen Anzug kaufen, würden Sie dann die Jamaika-Ferkelratte vermissen? Ich muss Ihnen gestehen: Ich kann durchaus ohne Jamaika-Ferkelratte leben. Ohne Ferkel schon schwieriger, weil ich im Sommer immer gerne grille. Ist das schon wieder nicht recht, Herr Minister? Sind Ferkel etwa auch vom Aussterben bedroht? Ich sage Ihnen: Eine Milliarde Schweine gibt es auf der Welt – die Menschen mal nicht dazugezählt. Wissen Sie, wie oft ich da Spanferkel grillen kann, bevor die ausgestorben sind? Ich weiß nicht, was die Umweltschützer wollen? Auf einen Menschen kommen 500 Bäume, 50 Vögel und eine Trilliarde Bakterien. Eine Trilliarde! Wissen Sie, Herr Minister, wie weit wir es gebracht haben? Ich hab mir neulich mal einen Kammerjäger bestellt. Der sollte bei mir zu Hause im Wohnzimmer die Teppichmilben vernichten. Soll ich ihnen mal sagen, was der gesagt hat? Das ginge jetzt nicht. Die hätten jetzt Paarungszeit! Aber am größten ist ja die Verlogenheit der Vegetarier: Nein, ich esse keine Tiere, Fleisch von Tieren esse ich nicht! Gut, ich kenne auch die Horrorbilder: Ängstlich gackernde Hühner in ihren Zuchtzellen. Ich bin auch gegen die Massentierhaltung. Aber, verehrter Herr Minister: Wer fragt denn einen Brokkoli, wie es ihm auf einer Großplantage geht? Und der kann nicht mal ängstlich gackern!

Glück gehabt

Bericht einer Arbeitslosen

Februar 2001 Haben Sie schon Ihr Glück gekauft? Waren Sie heut schon im Discounter? Nicht, dass ich gern im Discounter kaufe. Aber ich muss ja. Was bleibt einem sonst? Der Kommunismus ist weg. Mein Arbeitsplatz ist weg. Mein Mann ist auch weg. Dafür habe ich jetzt einen Staubsauger. Aus dem Discounter. Obwohl ich schon einen hatte. Aber ein Zweitsauger hebt das Selbstbewusstsein. Schon wegen der Sogkraft, die beim Milben aus der Matratze saugen das ganze Deckbett durchs Rohr zieht, bis am anderen Ende die Federn wie aus einer Schneekanone ins Schlafzimmer wirbeln, so dass du wie das Christkind im Schneegestöber stehst und für einen Augenblick spürst: Das ist Glück! Aus dem Discounter. Das hätte mir mein Mann gar nicht bieten können. So eine Sogkraft. Inklusive einem Minimega-Schmutzvertilger mit elektronischem Duftsprüher. Zum Schnäppchenpreis von zwölf Euro neunundneunzig. Dafür kriegst du keinen neuen Mann. Nicht mal im Sonderangebot. Der neue Staubsauger steht jetzt bei mir zu Hause. Dort, wo früher mein alter Mann stand. Neben dem dreizehnteiligen Gurkenentsafter aus handgewachstem Zedernholz von Lidl, den du im Sommer auf ein bei Aldi erstandenes Balkonhängetischchen im echten Safarilook stellen kannst, während du im Lichte einer faltbaren Gartensolarleuchte verträumt in einem Manufaktum-Katalog blätterst und vom gepriesenen Luxus für Besserverdienende träumst, zum Beispiel von einem (wörtlich) »Bananenfalzbein, das sich so angenehm anfühlt, dass man es auch ungenutzt nicht gern aus der Hand legt«, dass also den Vorteil hat, dass es dich in seiner Unverwendbarkeit in eine sorglose Welt entrückt, die den Frust über die eigene Unverwendbarkeit als arbeitslose Hartz-IV-Empfängerin für einen Augenblick vergessen lässt: Wenn du versonnen mit der neuen Fusselfräse mit thermostatischem Auffangbehälter über die inkontinenzhemmende Lamadecke fährst, die dich in dieser kalten Welt die Wärme des Kapitalismus spüren lässt, oder du dich wenigstens am bakterienabweisenden Kochlöffel festhalten kannst, denn woran solltest du dich sonst festhalten, abends allein zu Haus? Spaß macht das nicht. Aber glücklich. Nicht dass ich sie brauche, die Fusselfräsen und die Eierwärmer und die Reisezwiebelschneider. Aber wenn ich das alles nicht hätte, was hätte ich denn sonst? Und man muss doch was haben. Irgendwas. Nicht dass mir langweilig ist. Ich beschäftige mich. Mit meiner Fusselfräse. Sie glauben ja gar nicht, wie viel Fussel du findest, wenn du den ganzen Tag zu Hause herumsitzt. Aber arbeitslos sein hat ja nicht nur Schattenseiten. Nein, so was hat auch echte Nachteile. Du rechnest dir nämlich deine Zukunftschancen aus. Ich meine, ich war ja in Mathe nie gut, aber bis Null zählen kann ich. Waren Sie schon mal im Jobcenter? Eine Zumutung! Der größte Erfolg für einen Arbeitsvermittler ist, wenn er einen überreden kann, in den Westen zu gehn. Die Hotelbranche in Hannover sucht Nachtwächter. Aber ich bleibe hier. Hier war ich mal was. Ich hab auf dem Friedhof Leichen gewaschen. Da lernte ich stets neue Leute kennen. Jedenfalls habe ich nicht so alleine rumgesessen wie jetzt. Manchmal ruf ich meine Freundin an. Aber was soll ich ihr erzählen außer: Wie geht's denn deiner Fusselfräse? Erlebst doch sonst nichts. Manchmal geh ich ins Internet. Da kannst du mit der ganzen Welt reden. Bloß kennen tust du keinen. Die Bärbel, kennen Sie die noch? Die hat sich 'n Strick genommen. Die ist an der Einsamkeit eingegangen. Wie eine Primel. Ich wüsste gar nicht, wie man so was macht. Aber vielleicht hat die Bärbel einen im Internet gefragt. Man findet halt immer einen, der einem mit Rat und Tat zur Seite steht. Ich sag's doch: Arbeitslos sein hat nicht nur Schattenseiten.

Notizen in der Ferne

Ein Reisebericht

August 2001 17.7. Ich urlaube fern. Mir geht es gut. Ich bin nicht der um ein paar Peso Bettelnde auf dem Zokalo von San Christobal. Ich bin der ein paar Peso Gebende aus Dresden. Vier Fünftel der Menschheit leben in Armut. Ich bin nicht dabei. Ich hab verdammtes Schwein. Ich habe keinen Krieg erlebt. Meine Kinder können in die Schule gehen. Ich muss sie nicht an Teppichknüpfer oder Zuhälter verkaufen. Ich leiste mir eine Mexikoreise. Ich kann es mir leisten. Mir fällt ein Satz von Ensikat ein: Mit Geld ist der ganze Kapitalismus die reine Freiheit. Ohne Geld ist die ganze Freiheit der reine Kapitalismus.

19.7. Wir fahren an Maya-Dörfern vorbei. In den verfallenen, wie verlassen wirkenden fenster- und türlosen Strohhütten zwei, drei Hängematten, ein paar Gerümpelkartons. Und als Globalisierungssegen zwei Coca-Cola-Plastestühle. »Fast alle haben einen Fernseher«, sagt Antonio, unser Reiseführer. So man Strom hat. Manche haben. Wasseranschluss? Nein. Braucht man nicht fürs Fernsehen. Milch? Zu teuer. »Schon die Kleinkinder trinken Cola«, sagt Antonio. Der Fortschritt schreitet hinein in den Dschungel von Yucatán. Zwischen den Mayahütten lachende Mayakinder mit lachenden Mayamüttern. Die ärmsten Völker sind die fröhlichsten, hat eine Statistik wissenschaftlich erforscht. Armut macht glücklich. Wir Touristen aus Deutschland blicken mürrisch aus dem Bus. Nach einem Fünfgängemenü kann man nicht lachen. Nur rülpsen. Mir geht es gut.

22.7. Am Fuße eines Tempels in Monte Alban drängt mir ein zahnloser Indio eine Figur auf. Ich handle den Preis um ein Drittel herunter und bin stolz. Der Indio freut sich. Woher ich komme, will er wissen. Alemannia. Ah, sagt er, Hitler. Er sagt nicht: Ah, Goethe. Er sagt: Ah, Hitler. Es klingt nicht vorwurfsvoll. Käme ich aus den USA, würde er sagen: Ah, Mickey Mouse! Jeder hat seinen Diktator. Jeder trägt sein Kainsmal. Auch Abel.

25.7. In acht Tagen 5000 Kilometer durch 4000 Geschichtsjahre. Tolteken, Zapoteken, Olmeken, Mixteken, Azteken, Biertheken. 500 Pyramidenstufen auf und ab. Mir geht es gut. In einem Internetcafé in Oaxaca tippt mein dreizehnjähriger Sohn einen Gruß an Opa in den Computer.

28.7. Spät abends im Hotel gerate ich versehentlich in eine die Welt mit Süßwaren beglückende Geschäftsrunde. Ein in Bayern lebender in Indonesien geborener Chinese erzählt mir in hessischem Dialekt am Golf von Mexiko, er sei der Wiederentdecker von Knusperflocken und Bambina-Schokolade für die Ostdeutschen. Wenigstens einer, dem die Ost-Nostalgie nützt. Viva la Mexico, ruft ein Nusswarenmanager nach dem sechsten Tequila. Der Einstieg in den amerikanischen Markt bringe einskommazwei Milliarden. Nach dem zwölften Tequila siegen Urinstinkte über geschäftliche Diplomatie. »Ich bin ein Deutscher, ich bin rechts,« umarmt ein Schokoriegelvertreter mit polnischem Akzent einen Hamburger Lolliball-Direktor. Der Lolliball-Direktor grüßt mit deutschem Gruß zurück. »Da können Sie einen Text drüber schreiben!«, prostet mir der Schokoriegel zu. »Mach ich«, sag ich.

3.8. Im Nationalpalast von Mexico-City erklärt uns Antonio anhand eines Frescos von Diego Rivera die mexikanische Revolution. Tierra y libertad. Aber auf den roten Bannern hat das Emblem von McDonald's längst Hammer und Sichel verdrängt. Alle Utopien auf den Müllhaufen. Die neue Hymne: Kapital, Kapital, du hast immer recht, und Genossen, es bleibe dabei …

Abends im Hotelzimmer im aztekischen Fernsehen Bilder aus Genua. Prügelorgien. Blutende, bewusstlos am Boden liegende Demonstranten, derweil die glorreichen Sieben den Reichtum unter sich verteilen. Schreib einen Text drüber. Aber wer will ihn schon hören. Mir geht es gut. La quenta, por favor!

Jux und Dollerei

Ich würde nachfolgende Notizen nicht in dieses Büchlein aufnehmen, hätte es nicht Durchlaucht Gloria von Thurn und Kaktus erneut schnackseln lassen und in einer Talkshow der Frau Maischberger, flankiert von Rechtsaußen Kardinal Meisner, erklärt, die Pille sei Mord und Schwule könnten sich gesundbeten. Mir fällt ein Gedicht von Erich Kästner ein, das er dem »Revolutionär Jesus zum Geburtstag« gewidmet hat: »Die Menschen wurden nicht gescheit. / Am wenigsten die Christenheit, / trotz allem Händefalten. / Du hattest sie vergeblich lieb. / Du starbst umsonst. Und alles blieb / beim alten.«

September 2001 Ein Nachrichtenmagazin bedauerte in seiner jüngsten Ausgabe, dass in den deutschen Revolutionen der Adel nicht unterm Schafott ausgerottet worden sei. Aber hat uns nicht grade die einstige Laxheit deutscher Freiheitshelden bis in die Gegenwart mit schirmschlagenden und Pavillons anpinkelnden Blaublütlern so manchen unterhaltsamen lustigen August beschert? Ich kann also die revolutionären Weicheier unserer Geschichte nicht verdammen, auch wenn uns konsequentere Radikalität einen Vorteil gebracht hätte: Wir müssten heut Fürstin Gloria von Thurn und Taxis nicht ertragen. Uns wäre vor einer Woche ihr orales Tuten und Blasen in der Talkshow »Vorsicht Friedman« erspart geblieben. Ich rebelliere ja schon nicht mehr, wenn der Papst im Namen des Schutzes ungeborenen Lebens der Dritten Welt das Kondom als Satanserfindung austreibt, während ungeschütztes geborenes Leben hunderttausendfach verhungert. Ich weiß inzwischen, dass ich mir mit jedem Rühren im Heiligen Stuhl den Vorwurf der Volksverhetzung einhandle. Also buche ich auch Glorias glorreichen Appell, dass nicht nur Abtreibung, sondern schon die Verhütung Mord sei, unter der Rubrik »Humanistischer Zeitgeist« ab und freu mich, dass Friedman mit dem gütigen Lächeln eines Rabbis nachhakt, wie man denn da Afrika vor Aids retten könne. Da thurnt und taxt die Fürstin nicht lange um den heißen Brei und meint: Aids kommt ja nur daher, weil die Schwarzen so gern schnackseln. »Ja«, wiederholt sie, als habe es jemand bezweifelt: »Der Schwarze schnackselt gern.« Aber es bezweifelt gar keiner. Gloria lacht und Herr Friedman lacht und das Publikum lacht und klatscht, und niemand kommt auf die Idee, das könne angesichts von 14 Millionen Aidstoten, die für dieses Jahr vorausgesagt werden, Volksverhetzung sein. Und jeder malt sich bei solcherlei Talkstammtisch das Bild aus, das er ja insgeheim immer schon hatte: Wie die Neger mit ihren bumsenden Bambusrohren die Strohhütten zum Beben bringen, bis die Aidsviren durch den Urwald schwirren. Vielleicht, so will ich das weibliche Adelsgeschlecht gern entlasten, kennt die talkende Rasseexpertin lediglich Roberto Blanco, dem man ein gewisses Vergnügen am Schnackseln nachsagt und der in einschlägigen Zeitungen nackt für irgendeine Diät wirbt, sein Geschnacksel nur von einer Straußenfeder verdeckt. Denn als sich die Fürstin zur Talkkönigin mit den Worten kürt »Sex ist dazu da, um Kinder zu kriegen und nicht zu Jux und Dollerei«, ahne ich, dass ihr dieser schnackselnde Roberto mit seinem »Ein bisschen Spaß muss sein« das geadelte Herz schmerzhaft durchbohrt. Am Ende der Sendung lacht Gloria und Herr Friedman lacht und das Publikum lacht und klatscht. Ein bisschen Spaß muss sein.

Gefühltes Gefühl

Januar 2002 Das haben wohl die meisten verheirateten Männer schon mal erlebt: Die Gattin steigt auf die Waage, erfährt, dass sie schon wieder ein Kilo zugenommen hat, sagt dann aber mit vorwurfsvollem Blick in Richtung digitaler Anzeige: Das kann doch nicht wahr sein! Da hat ihr nun eine Hightech-Waage die Pfunde angezeigt, aber nein: Das kann nicht sein! Ich weiß jetzt, woran das liegt: Die Waage weiß zwar dank ausgetüfteltster Technik, dass meine Frau ein Kilo mehr wiegt, aber die Waage weiß nicht, dass sich meine Frau ein Kilo weniger fühlt. Das objektiv angezeigte Gewicht stimmt also nicht mit dem subjektiv gefühlten Gewicht überein. Das ist das Problem. An solch unlösbaren Widersprüchen sind ganze Staaten im Nichts versunken. Einst stellte ein Staatsratsvorsitzender fest, den objektiven Sieg des Sozialismus könnten weder Ochs noch Esel aufhalten. Aber die ganzen Ochsen und Esel müssen das wohl subjektiv anders gefühlt haben. Diese Dialektik zwischen objektiver Realität und gefühlter Subjektivität begriff ich erst vor Tagen, als eine Tageszeitung titelte: ZENTRALBANK WARNT VOR GEFÜHLTER INFLATION. Der Artikel hat mich sehr beruhigt. Seit Monaten stieg meine Wut, wenn ich in der Autobahnraststätte für einen Kaffee 4 Euro 50, also neun Mark zahlten musste, wenn man mir im Parkhaus statt wie einst 50 Pfennige nun 50 Cent abverlangte, im Baumarkt eine Farbbüchse fast das Doppelte wie einst kostete und Taxifahrten oder Gaststättenschnitzel 30 Prozent teurer waren. Der TEURO!, fluchte ich leichtfertig, bis mir nun jener Zeitungsbericht die Schamröte ins Gesicht trieb: Dies alles ist nur eine gefühlte Inflation. Denn »die Teuerungsrate sank auf den niedrigsten Stand seit Jahren«. Mag sein, ich habe mit Kaffee und Schnitzel das falsche Kaufverhalten. Kühlschränke und Wasseruhren, so beteuert selbst der Verbraucherschutz, seien nicht teurer geworden. Hätte ich das gewusst, ich hätte mir jeden Tag einen neuen Kühlschrank und eine neue Wasseruhr gekauft. Schon hätte meine Wut keine Nahrung gefunden. Denn diese Gefühlsduselei, in die sich Ochs und Esel mit diesen dummen TEURO-Sprüchen hineingesteigert haben, kann unsere ganze Wirtschaft im Nichts untergehen lassen.

Weshalb die Europäische Zentralbank auch alle Ochsen und Esel warnt: Das Gefühl starker Preiserhöhungen kann so zu überzogenen Lohnforderungen führen und die Verbraucher dazu veranlassen, sich bei ihren Einkäufen zurückzuhalten. Und dann schreien die Gewerkschaften: Was, bloß drei Prozent Lohnerhöhung? Das kann nicht sein! Bloß weil die so ein Gefühl haben, das sei zu wenig. Und am 22. September sinkt die Wahlbeteiligung, nur weil vier Millionen sich mit ihrer gefühlten Arbeitslosigkeit von allen Parteien verarscht vorkommen. Boris Becker kann das Verfahren wegen fünf Millionen Steuerhinterziehung überhaupt nicht verstehen, denn mit einem gefühlten Steuersatz von 120 Prozent fühlt er sich sowieso ungerecht behandelt. Gegen Gefühle ist der Mensch machtlos. Manchmal helfen vielleicht Aspirin oder die Feststellung der Zentralbank-Volkswirte, »... dass die Euro-Einführung keinen nennenswerten Einfluss auf das gesamte Preisniveau« gehabt habe. Einen nennenswerten Einfluss auf unsere Wahrnehmungen haben lediglich unsere Gefühle. Seit ich das weiß, kann ich meine gefühlte Wut besser zügeln. Muss ich demnächst wieder in der Raststätte für einen Kaffee vierfünfzig bezahlen, leg ich zwei Euro hin und sage freundlich zur Kassiererin: Stimmt so. Fühlen Sie's?

Wassermusik

Die Dresdner erinnern sich noch gern an das Hochwasser im Jahre 2002: Da gab es plötzlich Solidarität unter Leuten, da holte der Nachbar plötzlich seinen Bierkasten aus dem überfluteten Keller und lud dich ein. Aber wir können doch nicht jedes Jahr Sachsen fluten, nur um den Nachbarn mal kennenzulernen.

Eine sächsische Wasserstandsmeldung

August 2002 »Wir sind im Kampf gegen das Hochwasser für jeden Sack dankbar«, sagt die Frau übern Gartenzaun. Erst kam die Flutwelle. Dann kam Stoiber. »Schlimmer kanns ni komm'!«, sagt die Frau, »'s steigt schon über neun Meter!« In gelben Hochwasserstiefeln stakst der bayrische Ministerpräsident (CSU) übers Dresdner Trockengebliebene und sagt »Ä, ä, ä«. Die Frau (parteilos) sagt übern Gartenzaun: »Was will 'n der Knallarsch hier?!« Schröder (für alle politisch nicht Interessierten: Kanzler von Deutschland) steht in gelben Hochwasserstiefeln im Grimmaischen Trockengebliebenen und sagt, dass das jetzt keine Zeit für Wahlkampf sei. Schröder schaut dabei den neben ihm stehenden sächsischen Ministerpräsidenten an. (Für alle, die jetzt Biedenkopf denken: er heißt Milbradt.) Der sächsische Ministerpräsident (CDU) schaut Schröder (SPD) nicht an. Das darf der sächsische Ministerpräsident auch nicht. Weil Wahlkampf ist. Frau Merkel (CDU) sagt, dass sie auch ein Stück weit betroffen sei. Obwohl sie eigentlich gar nicht betroffen sei. Dass Politiker betroffen sind, ist nicht neu. Zur Oderflut war Herr Kohl (für die jüngeren Leser: früherer Bundeskanzler) auch betroffen. Aber nicht ein Stück weit. Ein Stück weit ist neu. »Mir wärns schon packen!«, sagt die Frau übern Gartenzaun, »bei mir is bloß de Sesselgarnidur abgesoffen.« Schumi spendet. Gottschalk spendet. Harald Schmidt spendet. Harald Schmidt (West) sagt, wenn er schon so viel spendet, will er auch ein Mitspracherecht haben, was für eine neue Sesselgarnitur sich die Frau am Gartenzaun (Ost) kauft. Die Flut steigt. Der DAX steigt. Der Börsianer sagt, die Bauindustrie erwartet durch das Hochwasser eine Hochkonjunktur. Die Nachbarin ruft zur Frau hinterm Gartenzaun: »Plötzlich sind sie da, die Milliarden für den Osten.« Die Frau sagt übern Gartenzaun: »Die Gadastrophe kam grad noch zur rechten Zeit.« Die Nachbarin sagt, dass die Politiker vielleicht die Katastrophe absichtlich organisiert haben, um von ihrer eigenen Katastrophe abzulenken. Der Mann von der Frau kommt hinzu und sagt zu seiner Frau, dass das gar nicht geht, weil, sagte der Mann von der Frau, die Natur die einzige Macht ist, die sich nicht korrumpieren lässt. Das gelingt, sagt der Mann, nicht mal den Amerikanern. Deshalb, sagt der Mann, rächen sich ja auch die Amerikaner an der Natur und unterschreiben nicht das Abkommen von Ky–Ky–o... »Nu sagt schon, wie's heißt, s war so was Japanisches.« »Kimono«, sagt die Frau. »Genau«, sagt der Mann, weil, sagt er weiter, die Amerikaner denken: Wenn das Ozonloch den Bush sieht, zieht es sich vor Schreck zusammen. Die Frau sagt: »Mir wärns schon packen.« »Wir haben schon gepackt«, sagt die Nachbarin, »falls es noch schlimmer kommt.« »Was soll'n noch Schlimmres komm' als die Flutwelle!?«, sagt die Frau übern Gartenzaun. Im Fernsehen spricht Westerwelle (FDP). Herr Westerwelle (müssen Sie nicht unbedingt kennen) sagt, die Steuern müssen herunter. Herr Eichel (SPD) sagt, die Steuerreform wird wegen der Flutkosten verschoben. Frau Merkel (CDU) sagt: »Wenigstens ein Stück weit.« Herr Stoiber (CSU) ruft zum Abschied den Flutopfern zu, dass sie ihn bald, ä, bald, wiedersehen, wenn sie ihn als neuen – ä, Bundeskanzler kriegen. Die Frau übern Gartenzaun sagt zur Nachbarin: »Mir wär's lieber, wenn ich ne neue Gautschgarnidur krieg!« Herr Kachelmann (ARD) sagt, das hätte er alles vorhersagen können, wenn die Flut auf ihn gehört hätte. In Bad Schandau ruft ein Kind: »Gucke mal, Mutti, die Russen komm'!« Ein Amphibienkoloss schiebt einen Brückenrest zur Seite. Der Fahrer sagt: »Charascho?« Der Fahrer hat keine gelben Stiefel an. Er steht im Wasser.

Lasst mich in Frieden

Solange Jung als Kriegsminister im Amt war, wollte er unbedingt den Afghanen unsere Menschenrechte ins Herz bomben. Um dem Freund Amerika auch mal einen Gefallenen zu tun. Und um unsere Sicherheit am Hindukusch zu verteidigen. Und um uns dann zu wundern, wenn der Hindukusch sich in Deutschland verteidigt. Krieg ist die Waffe der Mächtigen. Terror ist die Waffe der Ohnmächtigen. Ich will unsere Sicherheit nicht am Hindukusch verteidigen. Sondern in Berlin. Da hat Herr Schäuble mit seinen Antiterrorgesetzen, mit seinem Abhörwahn und Wahnoptionen vom finalen Todesschuss bis zur gezielten Tötung von Terrorverdächtigen jahrelang einen gesucht, der die Demokratie gefährdet. Aber er hat keinen gefunden. Zur Strafe hat ihn Frau Merkel als Innenminister abgesetzt. Das macht Hoffnung. Als Finanzminister kann er nicht so viel Unheil anrichten. Da kann er höchstens unsere Portmonees durchleuchten. Und da ist bei den meisten nicht viel zu finden.

November 2003 An jenem frühen Morgen des 11. September anno 2002 war noch nichts Schlimmes geschehen: Im fernen Gazastreifen sprengten ein paar Palästinenser ein paar Israelis in Fetzen, die ihrerseits ein paar Palästinenser erschossen hatten, während auch an diesem Tag wieder 24 Tausend Hungerleider auf der Welt das Hungern satt hatten und einfach tot umfielen. Die Welt war also noch in Ordnung. Ein paar Stunden später bombten Terroristen ihren Hass auf die Supermacht und vernichteten Unschuldige. Ein paar Wochen später bombt die Supermacht zurück und vernichtet Unschuldige. »Das ist nicht zu vermeiden«, sagt der US-Verteidigungsminister. Und meine Regierung sagt, wir seien jetzt alle Amerikaner. Aus Dank. Weil sie uns befreit haben. Mich haben die Russen befreit. Und trotzdem bin ich kein Russe.

Otto Schily sagt, Terror kann man nur mit Terror verhindern. So wie man Trittbrettfahrer verhindert, indem man alle Trittbretter absägt. Hauptsache Sicherheit.

Mich verbinden mit einer Amerikareise unvergessliche Erlebnisse. Ob diese Beteuerung reicht, weiß ich nicht. Denn schon Clinton beschimpfte seine Kritiker einst: »Es ist keineswegs patriotisch, so zu tun, als könne man ein Land lieben, seine Regierung jedoch verachten.« Anders ausgedrückt: Wer als Deutscher 1939 die Nazis verachtete, liebte sein Land nicht. »Wer nicht für uns ist, ist für die Terroristen.« Und Terroristen muss man beseitigen. Aber mit Krieg?

Natürlich wissen wir alle: Dieser Mann ist eine Gefahr für die Welt. Natürlich besitzt er Atomwaffen und droht mit deren Einsatz. Natürlich hat er biologische Waffen. Natürlich arbeitet er mit der UNO nicht kooperativ zusammen. Aber, ich bitte Sie: Man kann doch nicht Amerika wegbomben, nur weil einem der Bush lästig ist. Ich würde nie auf die Idee kommen, den Bush wegzubomben. Auch nicht, als er in den Irak zog. Angela Merkel wäre am liebsten als Jeanne d'Arc aus der Uckermark an Bushs Seite mitgezogen. Schröder wollte nicht mitziehen. Er wollte Wahlen gewinnen. Auch Südafrikas Nelson Mandela hat sich hinreißen lassen, vor einem Feldzug gegen den Irak zu warnen. Und der hat ganz still zu sein. Schließlich war Mandela selbst mal Terrorist. Jedenfalls hat der heutige US-Vizepräsident Cheney schon vor 25 Jahren im Kongress eine Resolution zur Freilassung Mandelas mit den Worten abgelehnt: Terroristen wie Mandela verdienen keine Gnade. Da kann Mandela froh sein, dass er heut nicht im Terroristen-Ghetto Guantanamo von Bush weggesperrt wird.

Viele Warner warnten. Aber nun sitzen all die Friedenspfeifen vom atheistischen Schröder bis zum parkinsonschen Papst am Katzentisch der neuen Weltordnung und müssen sich schämen. Der Blitzkrieg war ein Blitzsieg! Sieg auf der ganzen Frontlinie! Noch nie wurde so präzise getötet. Noch nie konnten sich Mütter zerstückelter Kinder so freuen, dass die Leichenberge kleiner waren als von den ewig gestrigen Kriegsgegnern orakelt. Es gibt eine gewisse Menschlichkeit beim Morden. »Act of Humanity« nennt es Rumsfeld, der immer für einen Witz gut ist. Es hätte noch weniger Opfer geben können, »... wenn da in Bagdad nicht die Zivilisten so stur rumhängen würden, statt zu fliehen« (O-Ton eines Militärexperten in TV-Fox News). Zivilisten sind überall im Wege. Und da Bagdads Zivilisten so stur rumhingen, konnten sie wenigstens die Sieger bejubeln. »Die Hand, die du nicht abschütteln kannst, musst du schütteln«, sagt ein arabisches Sprichwort. Menschen jubeln gern. Am gernsten jubeln sie ihren Peinigern zu. Deshalb war der Jubel bei Hussein größer. Bei Hitler war er am größten. Der Mensch hat eine Sehnsucht, nicht frei zu sein. Der Mensch braucht einen Führer. Einen, der uns diktiert, wo es langgeht. In der Freiheit sind wir verloren wie in einem Irrgarten. Der Mensch braucht einen Wegweiser. Wie groß war einst die Liebe zu Väterchen Stalin. Wie groß zum weisen Mao. Die Unterordnung unter einen Gott macht die Menschen frei. Von Verantwortung. Freiheit ist ein süßer Vogel. Wer ihn erst mal gefangen hat, sperrt ihn in einen Käfig.

Es ist ein Sieg. Und wir müssen sagen, wir sind nicht dabei gewesen. Es sei denn, Frau Merkel spielt noch mal bei Bush die Schmusetante und fliegt wieder nach Amerika. Als Abwehrrakete. Dann dürfen wir vielleicht noch dabei sein, wenn von der neuen

Abschussrampe Irak die amerikanische Demokratie in die ganze Welt geballert wird. Brüder, unterm Sternenbanner muss ein guter Vater wohnen: Von Havanna bis Teheran wehen die siegreichen Fahnen McDonald's, die Muselmänner feiern den Ramadan mit Viagra und Whisky, und der Platz des himmlischen Friedens wird zum Disney-Park. Völker, hört die Signale, auf zum letzten Gefecht: Die Mickey-Mouse-Zentrale erkämpft das Menschenrecht! Vorwärts! Krieg muss endlich wieder zu einem Mittel der Völkerfreundschaft werden.

Vater unser, der du bist auf Erden, unsern täglich Schurken gib uns heute, das Reich des Bösen komme, auf dass es uns verunsichere und wir nach deiner Sicherheit rufen. Erlöse uns von dem Übel, heiße es Saddam oder Satan. Dein Öl fließe, dein Wille geschehe nicht nur über Afghanistans Himmel, also auch auf Bagdads Erde. Gib uns unsere Angst und führe uns nicht in Versuchung, angstfrei zu leben. Denn wer sein Volk stets in Angst hält, muss es nicht fürchten. Amen.

Apocalypso

2003 standen Finanz- und Wirtschaftskrise noch draußen vor der Tür. Politiker haben sie nicht hereinkommen sehen. Aber Satiriker sind Panikmacher und Schwarzseher. Als ich lange vor der Krise schwarz sah, rief Luftikus Westerwelle noch laut nach der uneingeschränkten Macht des Marktes. Als die Krise so überraschend kam, forderte er mit gleicher Lautstärke staatliche Regulierungen, als hätte er mit Sahra Wagenknecht auf der kommunistischen Plattform gelegen. Frau Merkel erkrankte auf dem Leipziger CDU-Parteitag 2003 an einer – wie es Norbert Blüm nannte – »neoliberalen Epidemie«. Und heute spielt sie Jesus und will die Banker am liebsten aus dem Tempel jagen. Jesus endete am Kreuz. Und für Frau Merkel wird es noch schlimmer kommen: Sie muss zurück nach Templin. 2003 schickte Horst Köhler noch als Chef des Internationalen Währungsfonds seine Finanzhaie durch die Weltmeere, um die kleinen Fische zu fressen. Sechs Jahre später fordert er als deutscher Bundespräsident die Banker auf, sich zu entschuldigen. Wofür denn?, fragen die Banker? Dafür, dass wir auf maximale Kapitalsteigerung bedacht waren? Das mussten wir doch! Kapital – ist – muss! 2003 hat das keinen gestört.

Juni 2003 Die Firma Deutschland ist pleite. Also Konkurs anmelden, Firmenschild abmontieren. Irgendeine chinesische Hightechbude wird uns schon übernehmen. Rentensystem senil, Gesundheitssystem im Koma, Staatskassen geplündert. Der Aufschwung ist da: Steuern steigen, Arbeitslosenzahlen steigen, Sozialbeiträge steigen, Staatsschulden steigen. Konzernbosse und Großbanker jammern so herzergreifend, dass man hofft, die

Aktion »Brot für die Welt« möge sie vor Hungerödemen bewahren. Den Ärzte-, Pharmazie- und Apothekerlobbys geht es so schlecht, dass ich täglich überlege, mit welcher Krankheit ich ihnen eine Freude machen könnte. Im Handwerk blüht nur das horizontale Gewerbe. Ein Riesenheer von Beamten verwaltet sich selbst. Die Kommunen sind am Ende. Statt Zukunftsentwürfe überall in Deutschland nur die reine Leere. Utopie hieß mal Lebenstraum. Heut wird sie im Kreuzworträtsel gesucht als Hirngespinst. Die beiden revolutionärsten Reformen, die Deutschland ins glückliche Morgen katapultieren sollen: Ladenschluss und Dosenpfand. Regierung und Opposition spielen Hase und Igel: Rot-Grün steht am Abgrund, der Kanzler ruft »Vorwärts!«, aber die Union steht unten und ruft zurück: »Wir sind schon da!« Konsens zwischen den Volksparteien gibt es nur bei der Diätenerhöhung. Ansonsten lebenslänglich Wahlkampf und Machtgerangel. Und täglich ein Menü aus Talk-Sülze bei Christiansen mit unverdaulichem Quasselsalat von Roten Rüben und Schwarzwurzeln, bis man nicht mehr weiß, ob nun Ulla Schmidt durch einen Risikoausgleich für scheinselbständige Kranke mit einer Nullrunde Münteferings Eckpunkte zur Senkung von Arbeitslosenerhöhungen fördern oder Angela Merkel durch eine Unzumutbarkeitsregelung zur Förderung der selbständigen Gesunden die Rentner verhindern will. Und zwischen den Gängen ein Rülpser vom Kanzler, dem ab und zu mal seine eigene Partei hochkommt.

Ich beneide Politiker nicht. Ich möchte ihren Job nicht haben. Aber ich kann sie auch nicht bedauern. Sie haben sich freiwillig wählen lassen. Und wir haben sie gewählt. Als Volksvertreter und nicht als Lobbyisten in Aufsichtsräten, die nur dann dem Gewissen verpflichtet sind, wenn das Gewissen VW oder Landesbank heißt. Meinetwegen: Erhöht euch die

Diäten. Ich weiß: Politiker sind gegenüber der Wirtschaft die reinsten Billiglohnempfänger. Ich fühle mit, wenn sich Politiker gegenüber den Millionengehältern von Managern wie polnische Schwarzarbeiter vorkommen. Aber, verehrte Mächtige: Mir graut nicht vor euren leeren Staatskassen, sondern vor euren leeren Köpfen. Vor eurem kleinlichen Parteiengezänk. Fühlt euch nicht zu stark! Nur drei Prozent der Wahlberechtigten sind Mitglieder einer Partei. Alle anderen in diesem Land interessiert nicht, wie ihr euch gegenseitig mit Dreck bewerft, sondern nur, wie ihr dieses Land aus dem Dreck zieht. Mir ist es egal, ob dem Kanzler die Gewerkschaft mit einem Sommer im Genick sitzt oder mit einem Zwickel am Hintern – er soll handeln! Und wenn die Parteien das nicht können, dann wählen wir das nächste Mal den ADAC, der immerhin 15 Millionen Mitglieder hat und dem über 90 Prozent der Bevölkerung laut einer Umfrage das Vertrauen schenken. Unter seiner Führung wird es dann im Artikel eins des Grundgesetzes oberstes Gebot sein: Tempo 200 auf allen Fußwegen und Rentner bei Rot über die Kreuzung! Da werden Sie mal sehen, wie das die Sozialkassen entlastet!

Verschwörungen

Oktober 2003 Wir sehen fern. Der Osten wird in westdeutschen Studios vorgeführt. Sie zeigen uns, wie wir gelebt haben. Wir dürfen mitspielen. Wir sehen fern. Wir sind verunsichert: Sind wir nun ein Volk von Stasischweinen oder ein Volk von Spreewaldgurken? Aus bayrisch-rheinischen Fernsehsesseln kichert die Verwunderung über die aus Pappautos mit nudossibekleckerten Pionierhalstüchern winkenden Ureinwohner im fernen Osten, die ins Paradies auswanderten, als ihr Land zur Hölle fuhr. Lacht nicht zu früh! Das Paradies hat nicht gesiegt. Es ist nur übrig geblieben. Der Untergang steht noch bevor. Wir haben ihn schon geübt. Auch uns hat man einst einreden wollen, das recht mäßige Erdendasein sei das rechtmäßige Himmelreich. Wir haben es anfangs sogar geglaubt. Je mehr man sich im Recht glaubt, umso mehr kann man irren. Wir haben erfahren, wie sehr man sich irren kann. Das haben wir euch voraus. Wir hören die Propheten predigen. Aber wir sind misstrauisch geworden. Unser Glaube ist der Unglaube. Wir sehen fern, aber wir sehen nichts. Wir hören, aber wir verstehen nichts. Wir werden informiert, aber wir wissen nichts. Die Mächtigen wollen uns für dumm verkaufen. Aber wir wissen längst, dass wir dumm sind. Diese Einsicht ist unsere Weisheit. Wir sehen fern. Bin Ladens Höhle und Husseins Massenvernichtungsbunker als Hauptquartiere des Bösen. Und kein Beweis in Sicht. Al Kaida ist stärker als je zuvor. Die Taliban formieren sich wieder. Irak ist nun endlich ein Sammelbecken für Terroristen. Der nächste Anschlag kommt bestimmt. Ich sehe fern. Verschwörungstheoretiker feiern hohe Zeit mit ihrem Verdacht, das Weiße Haus könnte am 11. September Tausende Opfer in Kauf genommen haben. Im Prinzip ja. Nur dass es der

11. September 1973 in Chile war. Aber dass es da gegen den im Unterschied zu Bush ohne Wahlfälschung demokratisch gewählten Präsidenten Allende ging. Und dass es nicht Tausende eigene Opfer waren, die die Terrortruppe des CIA ins Jenseits foltern ließ. Und die Mär über die von Saddam an die Wand geschleuderten Babys, die die UNO für den ersten Irak-Krieg weichklopfte, bis sie sich als in US-Studios gedrehte Lügenstory entpuppte? Und Blairs Witz über die 45-Minuten-Bedrohung, mit dem er sein Volk für den zweiten Irak-Feldzug kirre machte? Oder als wir alle im Osten Väterchen Stalin lieben sollten, bis wir erfuhren, dass die Taten unsres Väterchens so väterlich nicht waren. Oder dass die Wende im 2. Weltkrieg mit der Landung der Alliierten in der Normandie begann, weil es nichts ins neue Geschichtsbild passt, dass diese Wende schon zwei Jahre vorher mit dem Sieg der Roten Armee in der Schlacht um Stalingrad begann... Sie haben uns zu oft verarscht, die Möchtegern-Weltherrscher aller Zeiten. Ihr Weltverschwörer, ich glaub euch nicht mehr! Ich trau euch jede Schweinerei zu, wenn es um den Erhalt eurer Macht geht. Ich sehe fern. Ich sehe euch in Champagnerlaune in die Kameras lächeln an euren Konferenztischen, an denen ihr euren Reichtum sichert, indem ihr Millionen Hungerleidern und Aidskranken das Leben verwehrt. Erzählt mir, was ihr wollt. Meinetwegen, dass Leni Riefenstahl unter mysteriösen Umständen von Erich Mielke ermordet wurde, der in Frauenkleidern unter dem Pseudonym Stefanie Hertel weiterlebt. Mögen die Geheimdienste ermitteln, dass Elvis Presley in der Maske von George Double-u Bin Laden entführt hat, dessen Asche jüngst in einem Kokain-Tütchen von Michel Friedman gefunden wurde. Und mag das alles schwarz auf weiß in Kohls Stasikate stehen – ich halt alles für möglich. Aber ich glaub euch nicht mehr.

Volksverdrossen

Wochen vor der Bundestagswahl 2009 hätte ich am liebsten eine Annonce aufgegeben: Biete meine Stimme – suche eine Partei. Wen sollte ich wählen? Vielleicht Horst Schlämmer. Weil: Er ist ehrlich. Er gibt zu: Ich hab Rücken. Und Gedächtnis. Was heißt: Er würde nach der Wahl vergessen, was er davor versprochen hat. Auch Springinsfeld Westerwelle, der nur mit einem vereinfachten Steuermodell regieren wollte, hat nun nach der Wahl Gedächtnis. Ich leide nicht an kein Gedächtnis. Frau Merkel leidet nicht an Liebesentzug. Denn laut Umfrage wird sie von 58 Prozent aller Ostdeutschen und von 62 Prozent aller Westdeutschen geliebt, das sind in Gesamtdeutschland 120 Prozent. Es irrt der Mensch, solang er strebt. Frau Merkel irrt nicht. Weil: Sie strebt nach nichts. Außer nach Macht. Wer keine Kanten hat, kann nicht anecken. Wer nicht aneckt, wird geliebt. Beliebt, beliebter, beliebig.

Und die SPD? Ihre Umfragewerte befinden sich kurz über der Promillegrenze. Volksparteien ohne Volk sind wie Quarkkeulchen ohne Quark. Die SPD hätte beantragen sollen, dass nicht nur die Wahlen geheim sind, sondern auch die Wahlergebnisse. Mein Nachbar hat Steinmeier gewählt, sagt er ganz offen. Einerseits: Chancen zu gewinnen hatte ja Steinmeier nie. Wer setzt gern auf einen Verlierer? Anderseits: Eine Wahl ist ja kein Pferderennen.

Ich wollte auch die Linke nicht wählen. Mit ihrem Kessel Buntes aus irgendwie Gerechtigkeit und irgendwie Friedenfreudeeierkuchen und ihrem Aus der NATO raus!, was so klingt wie: Raus aus Europa! Ich finde auch auf Speisekarten oft nichts, was ich wählen könnt. Was ja nicht heißt, dass

ich deswegen auf die Toilette gehe und aus der braunen
Kloschüssel trinke. Aber wem's schmeckt ...
Schlämmer will Kanzler werden. Wahlen als Kasperle-
theater. Aber: Humor ist, wenn man trotzdem wählt.

März 2004 Parteien sind, las ich im Grundgesetz, das Sprachrohr
des Volkes. Da muss das Rohr gegenwärtig verstopft sein. Aber
ich gehe wählen. Trotz des Sauwetters. Ich lasse mich von dieser
politikerfeindlichen Stimmung nicht anstecken. Politik leistet in
diesem Lande, was Politik leisten muss. Schauen Sie mal in den
Duden, was Politik heißt: Poly heißt viel, und Tic heißt krampfartiges Zucken. Wenn Sie mehr als krampfartiges Zucken von
der Politik erwarten, so ist das Ihre Schuld!

Also schreite ich heut zur Urne und werfe meine Stimme hinein. Eine Stimme, ein Kreuz, eine Urne. So schnell kann es
gehen. Dass meine Stimme in einer Urne begraben lag, beun-
ruhigte mich nicht. Ich wusste ja: Bei der nächsten Wahl krieg
ich eine neue. Ich war stolz auf mich: Ich hatte mit meiner
Stimmabgabe Macht ausgeübt. Denn alle Macht geht vom Volke
aus. Und seit 1989 weiß ich auch: Ich bin das Volk! Aber wo wird
meine Macht hingehen, wenn sie ausgeht? Wird sie zurückkommen, oder werde ich sie nie wiedersehen? Und müsste ich dann
eine Vermisstenanzeige aufgeben wegen Machtverlust? »Ich bin
das Volk«, würde ich mich dann in der Anzeigenannahme vorstellen, »wissen Sie, wo meine Macht ist?« Und ich hörte die
Antwort: »Die ist bei Ihrem Vertreter. Bei Ihrem Volksvertreter.«
Das Wort war mir neu. Ich kenne Versicherungsvertreter, die
Versicherungen verkaufen. Aber was verkaufen Volksvertreter?
Volksvertreter vertreten das Volk. Und wenn das Volk von
Vertretern vertreten wird, wird es selbst überflüssig. Demokratie
heißt Volksherrschaft. Und weil ich das Volk bin, geh ich heute

wählen. Und wenn wieder so ein Sauwetter ist, lass ich mich bei der Wahl vertreten. Von meinem Volksvertreter. Und ich bleibe als Volk im Trocknen zu Hause. Das ist den Politikern sowieso lieber. Denn Politiker sind richtig volksverdrossen. Weil das Volk so politikerverdrossen ist. Sie würden sich am liebsten ein anderes Volk wählen. Denn das Volk wirft Politikern Bestechlichkeit, Schwarzgeldaffären und veruntreute Millionen vor. Manche sprachen von korrupten Politikern. Wieso »korrupte Politiker«? Man sagt doch auch nicht »weiße Schimmel«. Sieht denn das Volk nicht, dass Politiker sein in diesen Zeiten kein schenkelklopfender Schuhplattler ist? Dass Politiker trotz unbezahlter Überstunden zum Wohle des Volkes auf höhere Gehälter verzichten, obwohl ihre schmalen Bezüge nicht umsonst Diäten heißen? Denn was ein Kanzler im Jahr verdient, das zahlt ein Konzernchef im Monat an Solidaritätszuschlag. Gegen Herrn Schrempp ist doch Schröder der reinste Sozialhilfeempfänger. Möchten Sie unter diesen Umständen Politiker sein? Schon wagen unsere Volksvertreter aus Furcht vor dem Volkszorn nicht mehr, ihre Meinung zu sagen und sehen sich gezwungen, sich in Wahllügen zu verstricken. Kein Wunder, dass die Politiker so einem Volk misstrauen.

Deshalb sind unsere Volksvertreter auch gegen Volksentscheide. Soll das Volk vielleicht über die Europäische Verfassung entscheiden? Da sagen selbst die Grünen, die doch sonst am liebsten über jede Krötenwanderung abstimmen würden, entschieden: Nein! Eine demokratische Volksabstimmung – bitteschön! Aber ohne Volk! Das Volk ist eigentlich immer im Wege. Ohne Volk hätte sogar der Sozialismus gesiegt. Ohne Volk ginge es den Politikern besser. Man sollte es abschaffen. Wir haben ja seine Vertreter.

Er-Fahrungen in der Transsib

Reisebericht

August 2004 »Sie kommen aus dem Osten? Dann wollen Sie wohl auch den Sozialismus wiederhaben?«, versucht ein hessischer Lehrer ersten Kontakt im Speisewagen der Transsibirischen Eisenbahn. Da liegt Moskau längst hinter uns, die Stadt der 400 000 Dollarmillionäre, in der uns zwischen Mercedeslimousinen die Bettler ihre Stümpfe entgegenreckten und in der das GUM, in dem sich einst das Volk um Mangelwaren drängte, zur menschenleeren Luxusboutique mutierte.

»Ich bin auf der richtigen Seite geboren«, prostet uns der hessische Lehrer zu, »ich hab den Sozialismus nie vermisst.«

Georgi, der Kellner, serviert zur Zarentafel Kaviar und bietet uns als Souvenir rote Wimpel mit der russischen Aufschrift KOLLEKTIV DER KOMMUNISTISCHEN ARBEIT an.

»Ich hab den Sozialismus vermisst«, antworte ich. »Weil wir nie einen hatten.«

»Was kostet das?«, fragt ein Bayer und kauft Georgi freudig einen Wimpel ab, ohne die kyrillischen Buchstaben dechiffrieren zu können.

In Jekaterinenburg hasten wir von der Zarenkathedrale zum Lenindenkmal, vor dem der Alkohol ein paar zerlumpte Gestalten niedergestreckt hat.

»Russland versäuft seine Seele«, sagt Viktor, unser russischer Reiseleiter, während wir schon wieder die Bolschewistische Straße entlang an McDonald's vorbei mit dem Bus zum Zug fahren, in dessen Gängen spät abends rheinische Frohnaturen nach dem siebenten Wodka vielkehlig Hermann Loens Heide erblühen lassen. Ich hätte gern mit den Partisanen vom Amur gekontert, aber mein Glas diarrhoelindernder Tee schenkt mir nicht genügend Mut.

»Den Osten schleppt die Bundesrepublik nicht auf Dauer weg«, nimmt der hessische Lehrer wieder das Gespräch mit mir auf. »84 Milliarden jährlich. Und alles von meinen Steuergroschen.«

»Na gut«, wage ich eine Antwort, »aber diesmal müsst ihr die Mauer bauen.«

In der sibirischen Hauptstadt Irkutsk essen wir in einer tschechischen Kneipe zur Musik eines Cowboysängers Wiener Schnitzel.

Beim Stadtrundgang zeigt der Bayer auf eine Tankstelle und fragt: »Was kostet das?«

»Ein Liter Benzin kostet umgerechnet 40 Cent«, sagt Viktor, und Herr Waskostetdas sagt: »So lässt's leben!«
Im Zug steh ich am Fenster und zähle Birken und warte, dass wie in den Filmen meiner Jugend Iwanuschka aus den Wäldern tritt. Aller 50 Kilometer fliegt ein Bretterbudendorf vorbei.

Dann steigen wir aus und baden im Baikal. Es wird sehr still. Abends sitzen wir auf den Gleisen. Eine Balalaika spielt. Georgi grillt Lammspieße. Viktor erzählt von Tataren und Burjaten und Schamanen. Wir heben die Pappbecher. Nasdarowje. Aber Viktor mahnt: »Trinken ohne Trinkspruch ist Trunksucht.« Also trinken wir darauf, dass unsere Gesundheit so stark sei wie die sibirische Kälte und unser Leben so lang wie das einer sibirischen Zeder und unsere Liebe so tief wie der herrliche Baikal. Es wird sehr laut.

Ich trinke mit meinem hessischen Lehrer Brüderschaft.

»Wie lange soll mein Solibeitrag noch in euren Grund und Boden fließen?«

»Der ja längst wieder euch gehört«, triumphiere ich. »Hätten wir alle Anträge auf Rückgabe genehmigt, die DDR hätte so groß sein müssen wie Russland!«

Mein neuer Freund lacht. Ein ehemaliger RGW-Rat mischt sich ein: »Ihr habt doch unsere Industrie kaputtgeschlagen, die Reste verschachert, die Eliten vernichtet, Lebensläufe zerbrochen. Hier in Russland leben sie mit ihrer Geschichte. Aber ihr müsst ja selbst den Palast der Republik schleifen, weil ihr unsere Vergangenheit nicht ertragen könnt.«

Der Bayer trinkt mit uns, aber er fragt diesmal nicht Waskostetdas. Er sagt nur: »Ihr wolltet es ja so. Ihr konntet es ja nicht erwarten, euch für Schappi und Aldi an unseren Hals zu schmeißen. Aber jetzt wieder demonstrieren. Mehr Geld für weniger arbeiten. Wie vor 15 Jahren.«

In Sibirien ist die deutsche Einheit fern. Zwei Tage später sitzen wir in einer mongolischen Jurte und nippeln an gegorener Stutenmilch. In der Jurte gibt es weder Strom noch Wasser. Wir genießen in der Steppe Stille und Weite. Dann fährt uns der Zug nach Peking. 8 000 Kilometer von der Heimat entfernt, erscheinen uns inmitten eines 1,3-Milliarden-Volkes unsere deutschen Probleme fern und klein. Nach zwei Wochen flimmern dank Deutscher Welle wieder Nachrichten zu uns: In Athen rennen erwachsene Menschen im Kreis um die Wette und tauschen Urin aus. Eine Siegerehrungshymne: Deutschland, Deutschland über alles ...

Rückblick nach vorn

Politiker schlagen schon seit Jahren vor, sich beim Aufbau Ost auf ein paar Leuchttürme zu konzentrieren. Radikaler und mir sympathischer erscheint mir der von Olaf Baale in seinem 2008 erschienenen Buch »Abbau Ost« geäußerte Gedanke, den Ostdeutschen den Umzug in die alte Bundesrepublik zu bezahlen und den Osten der Natur zu überlassen. Denn jene Landschaften, die einst nach dem Willen des Kanzlers blühen sollten, sind inzwischen so verwildert, dass sich wieder Wölfe ansiedeln. Schon vor zwanzig Jahren schwärmten die beamteten Hilfstruppen aus Bayern, verwöhnt von Alpenglühen und tiefem, tiefem Tal, dass auch der Osten eine schöne Landschaft sei. Nur die Menschen störten. Zwei Millionen verließen vor dem Mauerfall das Land in Richtung Westen. Zwei Millionen verließen nach dem Mauerfall das Land in Richtung Westen. Aber ein paar wenigstens müssen bleiben, um den von mir schon vor fünf Jahren vorgeschlagenen Natur- und Freizeitpark zu pflegen.

Die Zukunft und ihre Perspektive in fünfzig Jahren

Oktober 2004 Im Jahre 2054 wird ein Museum sein 50-jähriges Jubiläum feiern: die Ostdeutsche-Museums-Anstalt, kurz OMA genannt. Wegbereiter für den ostdeutschen Natur- und Freizeitpark war Otto Schily, der Israels Mauer lobpreiste und auf das Recht jedes Staates verwies, sich mit einem Wall zu schützen. Dies empfanden die Westdeutschen, von denen sich laut einer Statistik jeder vierte die Mauer zurückwünschte, als Ermutigung: Die neue Mauer sollte nicht nur die Flucht der Euro-Milliarden von West nach Ost, sondern auch die anhaltende Flucht der Ostdeutschen nach dem Westen stoppen. Millionen waren seit der leichtfertigen Grenzöffnung im Jahre 89 gen Westen gewandert. Wen die Beine trugen, hatte sich auf den großen Marsch ins große Glück begeben, und zurück blieben nur die verängstigten Alten, Kranken und Lauffaulen. Wer die Idee hatte, die verlassenen, raps- und kamilleblühenden Landschaften in ein Freilichtmuseum zu verwandeln, haben die Geschichtsschreiber nie aufgeklärt. Aber bald entstanden jenseits des neuen Grenzwalls Aussichtsplateaus, von denen Liebhaber der Exotik und Ostexperten durch Fernrohre das Treiben im ostdeutschen Reservat beobachten konnten. Wer den Mut hatte, sich näher heranzuwagen, konnte für ein geringes Entgelt in einer Piepshow durch Astlöcher eines Bretterzauns schauen und Zeuge werden, wie ein Demonstrant stur im Kreis lief und unaufhörlich »Wir sind das Volk« rief. In den meist in Kasernen untergebrachten Altersheimen häkelte eine PDS-Seniorengruppe rote Wimpel zum gemeinsamen Gesang des Kampfliedes »Wir sind die junge Garde«. Frau Merkel, bei einer ethnischen Säuberungsaktion wieder in den Osten vertrieben, hatte im Mecklenburgischen als Ich-AG einen Frisiersalon für Kurzhaardackel eröffnet, und auch Kai Pflaume musste wieder in seine Heimat zurück und verdingt sich seitdem als Verkäufer von Spreewaldgurken. Der NPD-Vorstand des Naturparks hatte längst Perserkatzen und Pekinesen aus dem Haustierkatalog verbannt und Böhmische Knödel ebenso wie die Brühpolnische von der Speisekarte gestrichen. Die Theke im Dorfkrug zierte ein Schild: »Deutsch das Bier und deutsch die Küche, deutsch das Klo und die Gerüche!« In den Wäldern hatte eine Schar echter deutscher Schäferhunde die Treibjagd auf Rotwild eröffnet. Nur Wolfgang Thierse war es gelungen, in der Maske von Achim Mentzel aus der Hauptstadt in die Erzgebirgschen Berge zu fliehen. Gerüchten zufolge soll er sich heut als Holzmichel unter einer Randfichte aufhalten. In der Niederlausitz wurden Ausländer knapp, so dass sich bereits deutsche Arbeitslose schwarz anmalen mussten, um auf ABM-Basis den Bewohnern ein Ventil zu sein. Trotzdem gelang es der Stadt Cottbus, für den Tausendsten verprügelten Ausländer den begehrten Wanderpokal »Goldener Neger« zu erringen. Der MDR konnte sich als Geheimsender unter seiner eigenen Staubschicht verstecken, so dass Stefanie Hertels Stimme die Stimme des Ostens weit über die neue Mauer tragen konnte: So an Stickerl heile Welt hab i beim Himmel mir bestellt. Und die Schaulustigen hinter den Aussichtsbalustraden begannen mitzuschunkeln und hatten das putzige Völkchen im nahen Osten wieder so richtig lieb.

Moshammer lebt!

Der traurige Januar

2005 Die Tagesschau sendet mir zum Salamiabendbrot unappetitliche Leichenberge. Es lässt einen warmherzigen Deutschen ja auch im Winter nicht völlig kalt, wenn die Opferzahlen der Tsunami-Welle im heißen Asien laufend steigen. Vor allem dann nicht, wenn sich unter den Betroffenen nicht nur fernöstliche Indonesen, sondern »auch Europäer, ja sogar Deutsche« befanden, wie eine von uns allen geschätzte Boulevardzeitung schrieb. Freilich: Die Zahl der Toten, die der Bürgerkrieg im Sudan gefordert hat, ist mit zweieinhalb Millionen zehnmal so hoch. Dass dort täglich Tausende Kinder verhungern – also gesund ist das auch nicht. Aber Neckermann & Co. haben nun mal bei den Sudanesen keine Strandparadiese in die Wüste bauen lassen. Wie soll denn die deutsche Weltöffentlichkeit in Betroffenheitseuphorie versetzt werden, wenn die Hungerkatastrophe keinem Billigtouristen die Wurst von der Bemme kratzt? Keinem Fernsehsender wäre unsere Hilfe eine Kriegsberichterstattung rund um die Uhr wert. Und wir können ja unsere Spenden nicht völlig uneigennützig in den afrikanischen Sand setzen. Natürlich müssen wir in Asien Hilfe leisten. Wir müssen doch diese letzten Paradiese schon deshalb für uns nutzbar machen, damit die gastfreundlichen Eingeborenen wieder zu Arbeit und Brot kommen. Einverstanden – unsere paar Kröten, die wir ihnen mit unserem Dumping-Tourismus bisher übrig ließen, reichten nicht für ein Tsunami-Warnsystem. Trotzdem ging es denen da unten grade durch uns nicht wirklich schlecht, sondern, sagen wir mal: nur verhältnismäßig beschissen. Also noch immer gut genug für ein ewiges Lächeln, wenn sie uns als geborene Dienstleister am Pool den Drink servieren. Schließlich macht unser dicker Papi ein zwölfjähriges Thaimädchen glücklich, wenn er ihr ein paar Euro zwischen die zarten Schenkelchen schiebt. Und sie macht unsren Papi glücklich, wenn er mal statt der überlagerten Mutti exotisches Frischfleisch genießen darf. Das ist doch Globalisierung zum gegenseitigen Vorteil. Die sich auf diese Art bewährende Völkergemeinschaft wollen wir doch nicht leichtfertig zerstören. Glücklicherweise verblassten nun im ersten fröhlichen Faschingsschunkeln die grauenhaften Katastrophenbilder. Und keiner ahnte: Es kommt noch schlimmer! Während fern in Asien die Leichen in Plasteplanen verscharrt wurden, wurde der uns allen ganz nahe Mosi einbalsamiert in einem Mausoleum versenkt. Tausende wurden von Weinkrämpfen geschüttelt, als die Witwe Daisy mit schwarzer Schleife im Haar etwas in die Gruft fallen ließ. Es soll eine Träne gewesen sein. Und wieder kam unsere geschätzte Boulevardzeitung auf den Hund, als sie die Frage diskutieren ließ, ob das Yorkshire-Wollknäuel vielleicht psychologischer Hilfe bedarf, weil es den Mord am Herrchen mit ansehen musste. Aber die Züchterin beruhigte mein aufgewühltes Herz: »Der Hund war gefestigt in sich, kein Hektiker, kein Angsthase.« Der Januar hätte also fast als trostloser Monat geendet, wäre nicht im letzten Moment ein zartes Pflänzchen der Hoffnung in den Winter gewachsen: In Paris wurde der »Gigant der Lüfte« auf den Namen AIRBUS A 380 getauft. Unser Bundeskanzler schien noch betroffener als bei der Flutwelle, auch wenn diesmal ein Glücksgefühl seine Stimme zum Beben brachte, als er den Sieg des alten Europa über die amerikanische Boeing verkündete. Und hinter ihm stieß der Flugzeugbug wie ein erigierter Penis in die Lüfte. Wir oft geschmähten alten Europäer kriegen endlich wieder einen hoch. Unser Jumbojet ist der größte! Wir haben den längsten! Die Welt ist wieder in Ordnung.

Après-Ski

Ich mag Berge nicht. Berge machen mich so klein. Sie drücken auf meine Seele. Ich mag vor allem schneebedeckte Berge nicht. Die laden so penetrant aufdringlich zum Schifahren ein. Ich kann nicht Schifahren. Aber B. kann Schifahren. Sagt sie. Dann muss ich in ehelicher Treue noch vor Sonnenaufgang im Frühstau zu Berge im weißen Abgasnebel wunderbar über Deutschlands Autobahnen von unserer geräumigen Wohnung in eine enge österreichische Pension umziehen, in der ich dann, verlassen von den Winterfundamentalisten, mit ein paar mitgenommenen Büchern sitze, was mich an einen alten DDR-Spruch erinnert: Frau Wirtin hat ein Kanapee. / Drauf vögelte die SED. / Doch nur die jungen Bengels. / Die Alten saßen schweigend da / und lasen Marx und Engels.

Februar 2005 Jeden Winter zerrt mich meine Familie beharrlich in den Alpenschnee. In diesem Jahr umgab mich gleich bei der Ankunft literarisches Flair, denn der Pensionswirt hatte seine Hausordnung gerahmt an die Doppelzimmerwand gedichtet: AUCH FERNSEHEN AB 10 UHR STÖRT / UND DER NACH-BAR DEIN BADEWASSER VOR 6 UHR FRÜH HÖRT / UND WILLST EIN SÜSSES MÄDEL DU EMPFANGEN FEIN / MUSS ES UNS GEMELDET SEIN / DENN DAS AUGE DES GESETZES WACHT / ÜBER UNS BEI TAG UND NACHT. Das Auge des Gesetzes hielt erst mal einen Kurzvortrag über die Mülltrennung mit praktischer Demonstration mittels eines sechsfächrigen Plasteeimers. Von der Last des Mülls gezeichnet und von Urlaubertruppen eingekesselt, sah der Wirt aus wie eine Mischung aus Bruno Ganz und Führer am letzten Tag vor dem Untergang. Aus der Jagateehütte gegenüber der Pension tönte das Lied von den zehn nackten Frisösen und ihren schönen ... Der Reim ging unter in der Mahnung: »Mast holtens ka Ordnung, de Saubub.« Stunden später stürzten sich Frau und Sohn in den Schizirkus und ließen mich schneescheue Randgruppe mit meinem Laptop im Zimmer allein. Der Termin für meine Zeitungskolumne drängte, und ich erhoffte mir aus dem Fernseher aktuelle Nachrichten.

Aber mein Zimmergerät war ein Veteran aus dem Dreißigjährigen Krieg, der nur dann Streifen zu einem Bild formte, wenn ich ihn mit der Faust schlug. Angesichts dieses sich aller Sekunden wiederholenden Vorgangs konnte ich politische Hintergründe nur erahnen. Wenn ich es richtig interpretiere, hat wohl Joschka Fischer eine ukrainische Prostituierte mit einem illegalen Visum in sein Außenministerium geschleust. Oder umgekehrt. Nach dem nächsten Fausthieb sah ich kurz eine Frau, die ich zunächst für ein Schleuseropfer hielt, aber dann als Angela Merkel dechiffrieren konnte. Frau Merkel rief unaufhörlich »Zurücktreten!«, obwohl gar kein Zug zu sehen war. In der Jagahütte sang der vereinte Schichor »Zieh dich aus, kleine Maus, mach dich nackig, nackig, nackig«. Frau Merkel löste sich flugs wieder in Streifen auf. Dafür erkannte ich beim Umschalten Herrn Kerner, der die Wiederherstellung des Reinheitsgebotes im Fußball forderte und seinen Gesprächspartner, der mir im Flimmern verborgen blieb, heftig mit Fragen folterte: »Schämen Sie sich nicht? Glauben Sie nicht, dass Sie ins Gefängnis gehören?« Aha, dachte ich, sein Gegenüber kann nur Mayer-Vorfelder sein, der trotz aller Affären und Skandale immer noch DFD-Präsident mit sechsstelliger Aufwandsentschädigung ist. Aber, nein – Faustschlag – Bild: Kerner gegenüber saß Schiri Hoyzer, die neue Sau, die seit Wochen durch die Medien getrieben wird. Das Ferkel der Nation. Ein armes Schwein, das auch mal einen von den tollen Schlitten fahren wollte, wie sie immer vor der kroatischen Mafiakneipe standen, und das sich eines Tages auf dem Spielfeld sagte: Warum soll ich mich als kleiner Schiedsrichter nicht kaufen lassen, wenn rings um mich herum die gekauften Millionäre kickern? Warum soll ich als Bettelmann die ehrliche Pfeife spielen, wo doch vom Kaiser aufwärts alles intrigiert und korrumpiert und sich die Altherrenriege von IOC und FIFA die Bypässe durchbläst, um sich besser nach Schmiergeldern bücken zu können beim Verschachern von Fußballweltmeisterschaften und Olympischen Spielen?

Ich trennte die Marloroschachtel säuberlich vom Stanniolpapier, wusste aber nicht, zu welcher Sorte Müll die Zigarettenreste gehören, und kippte den Aschenbecher aus dem Fenster. Der Fernseher gab die Meldung preis, dass der amerikanische Präsident in Mainz eine Schamoffensive gestartet hat. Oder so ähnlich. Da sich nun mein TV-Veteran völlig verabschiedete, weiß ich nicht, ob Bush den in ihren Wohnungen weggesperrten Einwohnern zugerufen hat: »Ich bin ein Mainzelmännchen!« Der Wirt erschien mit einem Obstler: »Trinkens ahn, wenn's schon net Schifoan könn.« Auch der Führer ist ein Mensch. Der Jagateechor sang »Beiß dem Madel, Madel, Madel mal ins Wadel, Wadel, Wadel«. Bald wird meine Frau vom Schihang zurückkommen ...

Papa-Mobil

Der zweite traurige Monat in diesem Jahr

April 2005 Johannes Paul, Harald Juhnke und dann auch noch Fürst Rainier: Es herrschte rege Himmelfahrt in der ersten Aprildekade. Der Luftraum musste für den Flugverkehr gesperrt werden, damit die Seelen schadlos aufsteigen konnten. Aber trotz freien Aufstiegs kam es schon Kilometer vor dem Paradies zu einem auch von den gelben Engeln nicht mehr kontrollierbarem Stau, der selbst den gewieften Entertainer auf den Randstreifen der Flugbahn zwang, damit der Heilige Vater vorbeisausen konnte. Fürst Rainier musste sogar auf Erden für ein paar Tage in einem Kühlschrank zwischengeparkt werden, bevor er eine Starterlaubnis erhielt. Nun saßen sie endlich zu dritt in der Warteschleife vor der Himmlischen Pforte, füllten ihre Aufnahmeanträge aus und sahen mit Erwartung dem Empfang im weisen Haus entgegen. »Was gebe ich als Einwanderungsgrund an?«, fragte Rainier, »Armenhaus Monaco klingt bisschen blöd.« »Mich als Heiligen Vater kann der Heilige Vater nicht abschieben«, frohlockte der Pontifex a. D., aber Spötter Harald spöttelte: »Aber nur, weil seit Berlusconi Rom nicht als sichere Drittstadt zählt.« »Ich ahne, Gottschalk hat recht«, murrte Paul, »der Himmel wird an Juhnke seine Freude haben.« »Wollen wir Skat spielen, bis der Allmächtige seine Sprechzeit beginnt?«, schlug Rainier vor, aber Paul protestierte: »Das Himmelreich ist keine Spaßgesellschaft. Außerdem hab ich kein Geld zum Spielen.« Harald konnte es nicht lassen: »Ach, Paule, die Vatikanbank wird doch von der Milliarde, die ihr Opus Dei einst schenkte, noch paar Kröten übrighaben.« Paul diggschte. Da kam es ihm grad recht, als ihm von

Wolke sieben ein paar Millionen Aidstote fröhlich zuwinkten und im Sprechchor riefen: »No Kondomo! Thank you!« Paul winkte zurück: »Seid froh. Ich bin es auch.« Da klingelte sein Handy. Die britische Queen klagte über die menschenleeren Straßen am Hochzeitstag von Charles und Camilla und fragte an, ob er es nicht bewerkstelligen könne, wenigstens ein paar von den vier Millionen Pilgern vom Petersplatz als Spalierobst zum Nottingham-Palast umzuleiten. »Leit sie um«, riet Harald, »aber frag mal, ob barfuß oder Lackschuh.« Rainier hatte inzwischen das himmlische Fernrohr auf den Petersplatz gerichtet, auf dem Hunderttausende junger Leute der päpstlichen Lehre ihre Ergebenheit schworen und Pille und Kondome verlegen unter der Bibel versteckten. »Ach ja«, seufzte Paul und klagte darüber, dass meist nur Alte an den Kirchsonntagen vor der Kanzel knieten. »Was soll ich denen denn Christi Auferstehung predigen? Die waren doch noch persönlich dabei.« »Nur Mut«, sagte Harald, »für Deutschland ist olle Ratzi ein Segen. Hartz IV hat uns nichts Gutes gebracht, nun werden alle auf Benedikt XVI hoffen. Das ist doch Grund zur Freude: Ein Deutscher wurde zum Stellvertreter Gottes gewählt. Wir sind Papst. Und wenn wir im nächsten Jahr unter Beckenbauers Führung Fußball-Weltmeister werden, dann sind wir auch noch alle Kaiser!« Auch Rainier klopfte Paul anerkennend auf die Schulter: »Benedikt wird dein Werk fortsetzen.« »Daran zweifle ich nicht«, sagte Paul, »er wird wie ich Abtreibung mit dem Holocaust vergleichen und Homosexualität mit einer abartigen Krankheit. Hauptsache, er kommt wie ich sympathisch übern Bildschirm.« »Keine Angst«, sagte Rainier, »er ist ja trotz seiner 78 noch nicht alt.« »Nein«, gab ihm Harald recht, »er ist bestes Mittelalter.« Langsam wurden die drei ungeduldig. Die himmlische Pforte hatte sich immer noch nicht geöffnet. Der liebe Gott ließ sich nicht sehen. »Wer weiß, ob der Herr überhaupt noch hier wohnt?«, fragte Paul, und Harald gestand: »Wisst ihr, manchmal hab ich Angst, der liebe Gott ist aus Protest aus der Kirche ausgetreten.« »Wollen wir nicht vielleicht doch Skat spielen?«, fragte jetzt Paul.

Befreiter Mai

Adolf ist Superstar. Aus allen Zeitungen, Leinwänden und Bildschirmen überfällt uns der Führer mit seinen Heerscharen, als überdaure sein Reich tatsächlich Tausend Jahre. Erst durften wir dank Eichingers »Untergang« beschämend erleben, wie der Führer selbst angesichts des beschlossenen Exitus noch Hund und Sekretärin schelmisch zublinzelt, während wir Weicheier heute schon jammern, wenn uns Hartz IV in die Zwangsarbeit treibt. Wenn wir uns am kuchensabbernden Diktator sattgesehen haben, empfängt uns, falls wir uns flugs beeilen, zu Hause im Fernseher noch ein zweiteiliger Goebbels, in dem uns dankenswerterweise ein Zeuge aufklärt, der Propagandaminister habe stets adrette Anzüge getragen. Hitler und die Frauen, Hitler und sein Hund, Hitler und sein Blinddarm. Und wenn wir dann das ganze Guido-Knopp-Kamasutra von Hitlers erotischen und anderen Blähungen abgearbeitet haben, bleibt nur enttäuschtes Staunen, dass es am sonst bei allen Popikonen üblichen Merchandising noch hapert: schokoladene Hitlerkugeln à la Mozart, vergoldete Albert-Speerspitzen oder goebbelsche handbemalte Porzellanengel im Sechserpack mit Giftampulle würden das Geschäft mit dem TV-Nazikitsch belebend ergänzen. Geschichte, spannend wie ein Tatort. Wie ein Täterort. Jedenfalls Geschichte, die man gern sieht.

Der dritte traurige Monat

Mai 2005 Für meinen Großonkel war der 8. Mai 1945 schon immer ein Tag des Untergangs. Weil er sich nicht von einer mordenden Bolschewistenhorde aus wilden, das Messer im Mund wetzenden Kasachen befreien lassen wollte. Dies Feindbild saß tief in seinem Gedächtnis. Doch sein Gedächtnis verlor er nach dem Krieg tragischerweise, als ihm alliierte Besatzer vorwarfen, er sei selbst ein Nazi gewesen. Er konnte sich nicht erinnern. Ich kenne aus meiner Vätergeneration überhaupt niemanden, der sich erinnern konnte, jemals Nazi gewesen zu sein. Und wenn niemand Nazi war, vielleicht hat es dann Hitler und Massenmord gar nicht gegeben? So wie Verschwörungstheorien bestreiten, dass die Amerikaner jemals auf dem Mond waren, ist dieses Kriegsspektakel vielleicht nur eine Verschwörung der Russen, im Mosfilmstudio gedreht, eine virtuelle Matrix, an der die Deutschen nur insofern Schuld tragen, als dass ein langweiliger Möchtegernmaler sich zum Führer ernannte und dank seiner homosexuellen Neigungen eine Ehe mit Rudolf Hess einging, aus der ein Kind namens Guido Knopp entstand, der im Auftrag des russischen Geheimdienstes bis heute die Medien mit Nazibildern beliefert, bloß damit sich das deutsche Volk schämen soll. Aber nun, 60 Jahre später, erfahren wir, dass selbst Speer ein Nazi war. Ist das nicht erschreckend? Historikergeschwader hatten uns 60 Jahre den verführten Intellektuellen vorgeführt, der »nicht korrupt, auch nicht bösartig, hartherzig oder gar niederträchtig war« (Joachim Fest), so dass selbst mein Westgroßonkel im späten Nachkriegsdeutschland bei einem Besuch in der Zone schwärmen konnte: »Junge, wenn wir solche wie den heute in der Regierung hätten!« Worauf ich damals, vom verlogenen Antifaschismus manipuliert, antwortete: »Aber ihr habt doch.« Doch spätestens ein TV-Zweiteiler hat mir Speer menschlich näher gebracht: Als Speer und Hitler in versonnener Männerfreundschaft durch die grünen Auen schritten oder blauäugig verklärt auf das Zukunftsmodell eines schöneren Berlins blickten, hatte ich für einen Augenblick den Wunsch, auch in die NSDAP einzutreten. Umso größer war mein Schock, als ich im 2. Teil erfuhr, dass der Rüstungsminister und engste Freund Hitlers sogar von der Judenverfolgung gewusst haben soll. Sollen wir das glauben? Zum 100. Jahrestag des Kriegsendes wird man uns dann vielleicht einreden wollen, selbst der Führer habe gewusst, was er befahl. Und zum 120. wird sich das Gerücht breit machen, das deutsche Volk habe ebenfalls gewusst, was in den Führerreden stand, die es täglich im »Stürmer« las. So weit kommt es noch! Hat nicht auch Speer den Satz meines Großonkels wiederholt: »Ich kann mich nicht erinnern«? Und kommt dieser Satz nicht auch vielen Ostdeutschen bekannt vor, die sich plötzlich an ihre Vergangenheit nicht mehr erinnern konnten? Insofern war Speer ein typisch deutscher Gedächtniskünstler. Ein Mensch wie du und ich.

Meinem Großonkel hab ich beim Dresdenbesuch die neue Synagoge gezeigt. »Na gut«, hat er gesagt, »bisschen gewöhnungsbedürftig, der Bau. Ich mein: Ich würde mir so was nicht unbedingt in meinen Garten stellen. Aber es kommt irgendwie positiv rüber.« Wir wollten die Synagoge besichtigen, aber die Tore blieben geschlossen. Weil sie irgendjemand Tage vorher mit Hakenkreuzen beschmiert hat. »Weiß man schon, aus welcher Ecke das kam?«, fragte mein Großonkel. »Um die ganze Synagoge Stacheldraht drum«, schlug er vor, »da sind die Juden drinnen beim Gebet vor Anschlägen sicher.« Egal ob Befreiung oder Untergang, dachte ich, mein Großonkel ist wenigstens kein Antisemit.

Egoland 2005

Ich will nur mit mir sprechen.
Ich sing mit mir im Chor.
Ich habe meine Meinung.
Ich komm bei mir stets vor.

Ich muss mich gar nicht suchen,
ich weiß ja, wo ich bin.
So kann ich mich gut finden
und renne zu mir hin.

Ich reich mir meine Hände.
Ich bilde einen Kreis,
renn mit mir um die Wette
in meinem eignen Schweiß.

Ich muss noch schneller gehen,
ich renne vor mir fort.
Ich treff mich auf der Straße
und gebe mir mein Wort.

Und wenn ich einmal falle,
heb ich mich selber auf
und sage zu mir »Danke«
und leg mich auf mich drauf.

Ich spür meine Umarmung.
Ich brauch dazu nicht Dich.
Ich warte, bis ich komme,
und freue mich auf mich.

Und wenn ich mit mir schlafe,
dient das dem guten Zweck:
Wenn ich am Morgen aufwach,
dann bin ich meist schon weg.

Ich zieh mit mir ins Weite,
damit ich mich gebär.
Ich brauch mich an der Seite.
Ich bin so familiär.

Nun häng ich neugeboren
an meiner Nabelschnur
und frag, wenn ich mich stille:
Mein Gott, wer bin ich nur?

Feier mit Bayer

Wer einst in der Welt über Dresden sprach, sprach von Semperoper, Zwinger oder Gemäldegalerie. In den vergangenen Jahren sprach jeder nur noch über die Waldschlösschenbrücke. Deretwegen der Stadt der Weltkulturerbe-Titel von der UNESCO aberkannt wurde, weil die Brücke den Blick auf den Elbhang zerstört. Wobei es den zerstrittenen Parteien gar nicht mehr um die Brücke ging, sondern um die Demonstration ihrer Macht. Was der Hamburger »Zeit« Anlass war, in einem Leitartikel die UNESCO eine »Kompromisswerkstatt«, Dresden aber »beratungsresistent« zu nennen. Das stimmt. Ich habe oft Vorschläge gemacht, um im Machtkampf zwischen Betonbrücke und Betonköpfen zu vermitteln. Man hätte beispielsweise den Elbhang abtragen können, weil er den Blick auf die Brücke zerstört. Genauso wäre eine Luftbrücke möglich gewesen. Oder eine Eselsbrücke. Genügend Esel hätten sich finden lassen, und ich wüsste auch wo. Dazu hätte die Welterbekommission garantiert IA gesagt. Oder denken Sie an meine Idee, die Brücke zu bauen, aber die Elbe umzuleiten. Oder einen Tunnel über die Elbe zu bauen. Aber »beratungsresistent« haben die Stadtväter alle meine Vorschläge abgelehnt. Ich wollte, dass zur Belebung des Postplatzes auf dessen Mitte ein neues Toilettenhäuschen im Barockstil entsteht, um das die Autos im Kreisverkehr fahren. In dieses neu zu erbauende Pissoir könnte die Dresdner Operette ziehen, der seit einem Jahrzehnt eine neue Bleibe versprochen wird. Mit dem Abraum des abgetragenen Elbhangs könnte das Rathaus zugeschüttet werden. Die Ratsherren könnten in die seit ebenfalls einem Jahrzehnt dahinwundende

Baugrube am Wiener Platz flüchten. Dort stünden sie dann als Weltkulturerbe unter Denkmalschutz. Einst gab es die Großbaustellen des Kommunismus. In Dresden gibt es die Großbaustellen des Dilettantismus. Aber ein Stolz ist uns geblieben: Unsere Frauenkirche.

Die Frauenkirche wird eingeweiht

Oktober 2005 Da schauns her: So a Stadt wie Dresden, so was ham mir in Bayern net. I hob mi scho umgschaut: Der Zwinger, die Semperoper, für so was hot ja unserans in Bayern nach der Wende sane Steuergroschen gern geba. I bin das erste Mal im Osten, wo mir jetzt alle deutsch sind, gäh, da bin i zur Kirchweih kumma. I hob a gspendet, hier, sehns, die Taschenuhr, des is mei Beitrag für dasses wieder aufbaun. Aber i hob trotzdem net an Sitzplatz in da Kirchn gkriegt zur Weihe. Da fehlts im Osten a bisserl an Dankbarkeit. Des is so, wiea wenn ma, verstehn Sie mi, als dass man sich quasi behandelt fühlt wie so a Asylant, der net recht Hochdeitsch spricht. Aber nix für ungut, i hob gar net gwußt, dass es so weit drin im Osten so a scheens Fleckal gibt, umgebungsmäßig. Jo mei, das Elbsandsteingbirg, Reschpekt! Da blühn die Landschaften. Herrgott Sakrament, der Königstein is net so groß wie unsre Zugspitz, aber es kann halt net gleiche Verhältnisse in Ost und West geba, des hat unser Bundespräsident scho gsagt. Und in Sachen Alpen, da san mir halt unschlagbar, des macht uns Bayern koaner nach, gäh. Aber es soll jeder san Nationalstolz haben: Ihr habt de Frauenkirch, wir ham des Hofbraihaus, bloß dass halt in die Kirch net so vui gsuffa werd. Aber auch sonst, wir nehmn uns net vui: Ihr habt an August, mir ham an Stoiber. Net mehr lang leider. Mir müssn an neien Ministerpräsidenten wähln. Aber mir ham ja noch den Sohn vom, vom, na, i kumm glei drauf ... wos jetzt immer in mancher Gaststätte als Delikatesse gibt ... an Strauß! Den Sohn vom Strauß, der stünd zur Verfügung, weil: den hams grod freigsprochen. Der Stoiber muass jetzt erst amal in Berlin a bisserl hinter der Merkel stehn. Da hat er sie besser im Blickfeld. I hob nix direkt gegen Frauen, und die Merkel kann ja direkt a nix für, dass sie a Frau is. Die is schon a resoluts Weibsbild, Reschpekt! Sie wird a gute Kanzlerin abgeben. So lange sie sich net in die Politik einmischt, gäh. Ans muass man ihr lassen: An zähen Kopf hat sie. A Selbstbewusstsein, des geht auf kane Kuhhaut. Des is scho so was wie das Wunder von Templin, gäh? Oder wie mir in Bayern sagen würden: Der hot der Herrgott net in die Wieg nei gschissn. Do gibt's ja a dä schöne Gschicht, härns her: Die Angela, als die noch a feschs Dirndl wor, da hot die in Templin in dr Schlangn gstanden, weil: es gab ja nix. Do kimmt a Gwitter, oiso Gwitter, des gabs scho, und wie sie so stand, spricht der liebe Herrgott zur Angela: I werd di jetzt mit am Blitz segnen, i werd dir alle Eigenschaften schenken, die du brauchst, karrieremaßig: Charme, Witz, Humor, Charisma. Und do kummt der Blitz vom Himmel, aber in dem Moment ruckt da die Schlange an Schritt vor, so dass der Blitz hinter der Angie einschlägt. Und wer steht do? Der Gysi. Sagns: Is des net a Gschicht, hä? I moin: Eigentlich hätt dort der Edmund stehen müssen, ausstrahlungsmäßig, weil: er sieht so aus wie vom Blitz gtroffa. Aber der hat sich doch net in der Zone in a Schlange neigstellt, gäh! A böse Zunge hat gsagt, der Edmund hätt die Ausstrahlung eines Trichinenbeschauers, aber des is der gewöhnliche Rassismus gegen alle Bergvölker. I hab die Gschicht net erzählt, weil i den Gysi mag. Hernach darfs net so weit gehen, den Gysi in den Bundestag zu wählen. Mir ham früher schon ehmalge Nazis in den Bundestag gwählt, und irgendwo hat die

Toleranz ja a meine Grenzen, gäh? Aber wie gsagt: I bin trotzdem in den Osten kumma, wenns die a die PDS wähln. In der Frauenkirch werden die ja net a no regiern, oder? Und jetzt geh i zur Weih. Und wenn die mi net durch die Bannmeile lassen, trink i im Paulaner a Spatenbräu. In der Kneipn bin i nämli wie a Hausschwamm: Wenn der amoi drinsitzt, kriegstn nimmer naus.

Alles wird gut

Ich sammle Zitate von Politikern. Bundestagswahlen sind sehr ergiebig. An Wahltagen dürfen sie alle kluge Worte ins Mikrofon absondern. Am Wahlabend im September soll der alte Otto-Graf Lambsdorff von der FDP geäußert haben: »Ich habe schon vor der Wahl gesagt, dass wir über zwölf Prozent erreichen können. Damals hat man mich für einen Spinner gehalten. Jetzt hat sich das bestätigt.« Auf solche Pointen wird man als Satiriker immer ganz neidisch. Angela Merkel soll bei der Wahl im Herbst 2005 auf die Frage eines Reporters, welche Chancen sie sich nach Schließung der Wahllokale ausrechne, in ihrer selbstbewussten, spontanen Art geantwortet haben: »Warten Sie es ab, Sie werden schon sehen: Noch heute Nacht werde ich vor Gerhard Schröder liegen.« Nun liegt sie vor uns allen. Noch mindestens vier Jahre.

Wahlhalla

11.11.2005 Noch trugen die Herbstbäume ihr Laub, da verlor das Land einige seiner besten Söhne. Heino gab sein Abschiedskonzert. Das Phantom der Oma singt nicht mehr. Die schwarzbraune Haselnuss schweigt. Auch Edmund Stoiber flatterte welk vom Wipfel der Macht zurück auf seine Heimaterde. Dabei wäre er ein nützlicher Minister gewesen, wenn er mitgeholfen hätte, die Staatsschulden ä – ä abzustottern. Edmund gab kund, er leide wie ein Hund, Müntefering verglich die große Koalition mit einem robusten Straßenpinscher, und Schröder stand tränenden Auges vor dem letzten Zapfenstreich wie ein begossener Pudel. Die Hundstage waren im deutschen Wald angebrochen. Schließlich fiel noch Opa Bisky durchs morsche demokratische Geäst und durfte nicht Stellvertreter im Bundestag werden, worauf die Linken diesen Hochsitz freiließen. Wären die anderen Parteien dem Beispiel gefolgt, hätte zum Beispiel der Bundestag nur in Höhe der Wahlbeteiligung knapp 80 Prozent der Sitze besetzt, und würde dann noch der Bundespräsident auf sein Amt verzichten, da man ihn doch sowieso immer fragen möchte: Was machen Sie eigentlich beruflich? – die eingesparten Steuergelder hätten vielleicht eine Mehrwertsteuererhöhung verhindern können. Aber der Gipfel sähe dann wahrscheinlich entlaubt aus wie eine deutsche Eiche nach dem ersten Dauerfrost.

Jetzt jedenfalls wollen wir uns alle erst mal ganz sehr freuen, dass nach diesem herbstlichen Heldensterben in der Koalition das närrische Treiben beginnen kann. Und wir wollen mal nicht gleich wieder meckern, das Zukunftspapier der Koalition enthalte zu wenig Zukunft. Wer Visionen hat, sollte zum Arzt gehen, sagte einst Helmut Schmidt. Und diese Krankheit kann man nun Frau Merkel wirklich nicht andichten. Von ihr wissen wir nur, dass sie Kanzlerin werden wollte. Sie hätte mit der FDP gekonnt, wie sie jetzt mit der SPD kann, als deren Parteivorsitzende ich sie mir genauso vorstellen könnte wie Herrn Steinbrück als CDU-Chef. Es sind Pragmatiker, heißt das neue Lobeswort. Und vielleicht ist das gut so. Wer im Vergleich von Wahlkampfparolen und Koalitionsaussagen Wahlbetrug wittert, offenbart nur seine Naivität. Schon 1532 hat ein gewisser Herr Machiavelli der Politikerzunft ins Stammbuch geschrieben: »Ein kluger Fürst kann und darf sein Wort nicht halten, wenn dessen Erfüllung sich gegen ihn selbst kehren würde. Ich wage zu behaupten, dass es sehr nachteilig ist, stets redlich zu sein. Aber redlich zu scheinen, ist sehr nützlich.«

Aber nun wollen wir unseren Fürsten erst mal die Hundert-Tage-Frist gewähren. Man schießt einen Bock nicht in der

Schonzeit. Auch nicht, wenn er eine Frau ist. Nur weil sie aus Templin stammt, muss ja ihre Politik nicht auf Merkelschem Sand gebaut sein. Selbst wenn es nicht besser wird – auf alle Fälle geht es nun vorwärts. Mit diesem Optimismus schließe ich mich unserm Komiker Norbert Blüm an, der gesagt hat: »Kohl war ein guter Mann, und Frau Merkel ist auch ein guter Mann.«

Die werten Werte

Ein Appell

März 2006 Liebe Mitbürger und Mitbürgerinnen! In den Talk-runden unserer öffentlichen Bedürfnisanstalten ist ein Schön-heitswettbewerb um die besten deutschen Werte ausgebrochen. Ob schwarzblütiger Innenminister oder blaublütige Adelswitwe, ob BILD fürs Volk oder SPIEGEL für den gehobenen Anspruch, sie alle beklagen, dass unsere Werte nichts mehr wert sind. Welche Werte interessieren denn den gemeinen Deutschen heute noch? Seine Cholesterinwerte. Gehen Sie mal um die Ecke zum Hotel Garni. Wissen Sie, was da auf einem Schild steht? Frühstück täg-lich bis 16 Uhr. Bis 16 Uhr Frühstück! Das geht gar ni! Bei uns zu Hause wurde täglich sieben Uhr gefrühstückt. Immer! Werktags, sonntags. Auch am Weihnachtsabend. Pünktlich sieben Uhr! Ein Land, in dem du bis 16 Uhr frühstücken kannst, das kannst du zuschütten! Wann soll denn da der deutsche Fleiß zum Einsatz kommen? Nach 16 Uhr vielleicht? Versetzten einst des Deutschen gestutzter Vorgartenrasen und sein geputztes Auto die Welt in Staunen, so zeugen heut allerorts Falschparken und unsortierte Flaschen von der Verschlampung der Sitten. Statt gemütlich in der Gruppe auf deutschen Pfaden zu wandern, kommen heut immer mehr Bürger und Bürgerinnen vom Weg der Tugend ab. Liebe Wanderfreunde und -freundinnen: Wer trägt denn Schuld am Werteverfall? Als Kind lehrte mich ein Schlager: Schuld ist nur der Bossanova. Aber ich sage Ihnen, liebe Deutsche und Deutschinnen: Das ist nur die halbe Wahrheit! Die ganze Wahrheit heißt: Schuld sind die Achtundsechziger! Wer hat uns denn den Mief der fünfziger Jahre weggenommen, nach dem wir uns heute wieder sehnen? Nach der Pflichterfüllung, mit der man einem Vorgesetzten in den Hintern zu kriechen hat, statt ihm über den Mund zu fahren? Oder nach der Bis-dass-der-Tod-uns-scheidet-Ehe, die Vorzurückdenker wie Arnulf Baring preisen, schon weil die zusammenbrechenden Sozialsysteme die lebenslange Ehehaft wieder erzwingen werden? Liebe Frauen und Frauinnen: Flieht nicht feige von der Familie in die Frauenhäuser, nur weil der Mann mal bisschen mannhaft zuschlägt! Eine Fürstin hat es bei Maischberger auf dem Sofa erklärt: Man bleibt aus soldatischer Disziplin zusammen. Auch in Zivil trägt der Geist Uniform. Zucht und Ordnung hieß das Thema der Runde. Aber wer heut nach Zucht und Ordnung im Internet sucht, wird auf SM-Werbeseiten von Dominas empfangen. So weit sind wir gekommen. Das tut weh! Aber hat dieser moralische Verfall nicht schon in der Ostdiktatur begonnen, als sich öffentlich Männer und Frauen am hellerlichten FFK-Strand kollektiv auszogen, während sich ihre Brüder aus den westlichen Bruderländern einsam und angezogen im Dunkeln anständig mit Pornoheften begnügten? Bischof Mixa führt diesen Werteverfall auf die Aggressivität des Atheismus zurück und mahnt: »Ohne christlichen Glauben gibt es keine Menschlichkeit!« Deshalb, liebe Atheisten und Atheistinnen: Lasst euch von Bischof Mixa christianisieren. Denn nur Christen kennen Werte. Mit Juden, Moslems oder gar Atheisten ist keine deutsche Leitkultur hinzukriegen. Und wer meint, eine Ursache für den Werteverfall sei ein System, in dem das Geld der einzige abgebetete Gott unserer Zeit ist und die Börse ihr Prophet und Besitz und Shopping geheiligte Ersatzreligionen, der ruft zum zivilen Ungehorsam auf. Und Ungehorsam ist kein deutscher Wert. Liebes Volk und liebe Völkinnen: Wer aufmüpfig ist, durfte in Deutschland noch nie in der ersten Reihe sitzen. Wer einen Platz am Stammtisch haben will, der muss sich dieses Platzes wert erweisen.

Angie und der Schwan

Die Medien treiben jede Woche eine neue Sau durchs Dorf, vor der wir uns fürchten sollen. Zurzeit ist es die Schweinegrippe. Die wird zu einer Pandemie führen. Zu einer ganz, ganz großen Katastrophe. Weshalb überall in der Welt fieberhaft an einem Impfstoff gearbeitet wird. Der der Pharmaindustrie fünf Milliarden Dollar in die Kassen spritzen wird. Weshalb wir uns alle impfen lassen müssen. Weil die Schweinegrippe so gefährlich ist. Denn vor der Grippe hatten durch die Grippe schon dreitausend deutsche Menschen grippeverdächtiges Fieber und Frösteln. Während die üblichen Grippewellen, deren jährliche Todeszahlen bis auf 10 000 geschätzt wird, nicht so gefährlich sind. Als es noch nicht die Schweine waren, waren es die Vögel. Die Vogelgrippe war auch ganz gefährlich. Millionenfach wurde im vergangenen Jahr Federvieh gekeult. In Mecklenburg soll sogar ein Bauer seine Frau erschlagen haben, weil sie Gänsehaut hatte. Aber das ist nur ein Kabarettistenwitz. Doch es gefällt dem Staat, wenn wir uns immer vor irgendwas fürchten. Vor einem Volk, das sich fürchtet, muss sich der Staat nicht fürchten.

Ein Filmszenarium

April 2006 Unter Mitwirkung bekanntester deutscher Volksschauspieler drehen gegenwärtig ZDF und RTL in einer Gemeinschaftsproduktion einen neuen Katastrophenfilm. Nach »Hamburg – Die Sturmflut« und »Dresden – Die Feuersbrunst« folgt nun unter Verwendung von Dokumentaraufnahmen »Rügen – Die Todeszone«. Die Ureinwohner der Insel begrüßten das

Filmteam mit dem Tanz der kleinen Schwäne. »Tote Schwäne gab es auf Rügen schon immer«, gestand ein Bauer. »Aber keiner hat was draus gemacht. Weil die Medien immer dachten: Im Osten, da ist sowieso nichts los. Aber jetzt, jetzt drehen wir im Osten mal das ganz große Ding!« Der Inhalt des Films ist kurz erzählt: Totale auf einen letzten Urlauber, der unter dem Geleitschutz von Tornado-Abfangjägern nackt aus dem Moorbad seines Kurhotels flüchtet. Großaufnahme auf die von Hühneraugen übersäten Zehen des fliehenden Gastes. Die Tornados im Tiefflug. Durch den Knall beim Durchbrechen der Schallmauer erleidet ein Schwan einen Herzinfarkt. Hunderte Rambos in weißen Schutzanzügen nähern sich dem Schwan und stellen fest: Ja, er lebt noch! Aber nicht mehr lange. Innenminister Schäuble kann sich endlich selbst als Bundeswehr im Innern einsetzen. Es gelingt ihm, mehrere Graugänse zu überrollen. Auch Horst Seehofer fliegt herbei. Er wird vom Storch gebracht. Da tanzt in der Ferne der sterbende Schwan. An dieser Stelle beginnt eine herzzerreißende Liebesgeschichte: Die Kanzlerin, die sich vom Rügengau persönlich überzeugen will, verliebt sich unsterblich in den sterbenden Schwan und quält sich mit der Frage: Soll ich meinem Koalitions-Münti untreu werden? Soll sie ihn eines jüngeren Schwanes wegen verlassen? Ein lebensnaher Dreieckskonflikt inmitten von infiziertem Hühnerkot rührt die Zuschauer zu Tränen. Der sterbende Schwan schwört Angie, sie im Himmel weiterzulieben. Leb wohl, ruft Angie dem Schwan zu, bevor er vom Seuchenkommando in einem Häcksler kleingeschreddert wird. Wild herumflatternde Federn verdunkeln den Blick aufs Meer. Von einer alten Ost-LP jammert Karat das Lied vom Schwanenkönig, der in Liebe stirbt. Dem Regisseur fehlt lediglich für die filmische Zuspitzung noch ein toter Hühnerzüchter. Der Bundespräsident, wie immer bereit, dem Vaterland zu dienen, meldet sich freiwillig. Da es aber am Set keinen Teleprompter gibt, weiß er nicht, wie er umfallen soll, und fällt so, wie er es in seinem Leben gewöhnt ist: nach oben. Eine Nebelmaschine sprüht Viren in die kalte Februarluft. Die Kamera fährt langsam über die verwaiste Insel. Ganz Rügen sieht nun aus wie zu Zeiten der Cholera. Kein Inselbewohner traut sich mehr zu Vögeln. Um der Pandemie Herr zu werden, lässt Angela nach Protesten des Tierschutzvereins alle Viecher frei und sperrt die Menschen ein. Frei herumlaufende Strandwanderer werden lebendig in Müllsäcke gestopft. Ulla Schmidt wird an einer Hühnerleiter festgekettet und legt vor Schreck ein Ei. Eine herbeigeeilte Reporterschar brütet es aus. Es wird eine Ente. Da! Endlich die Rettung. In solidarischer Hilfe eilt der Ministerpräsident von Baden-Württemberg mit Fragebögen herbei und fordert einen Einwanderungstest für Zugvögel. Die Zugvögel wandern aus. Horst Köhler feiert Auferstehung und ruft die Deutschen mit dem Lied »Ich wollt, ich wär ein Huhn« zur Zuversicht auf. Ein schönes Happy End. Soweit unser Katastrophenfilm. In wenigen Tagen folgt die Fortsetzung. Dann heißt es: Schweinepest im Bundestag.

Kriegs-Erklärung

Eine Unterrichtsstunde

August 2006 Liebe Kinder: Heute wollen wir uns einmal die Frage stellen, was man beachten muss, wenn man einen Krieg führen will.

Für einen Krieg braucht man erst einmal einen Feind. Denn wenn man keinen Feind kennt, kann man keinen Krieg führen Das haben wir bei der NATO gesehen, der vor zwanzig Jahren der Feind abhanden kam. Der Kommunismus hatte sich feige ohne Vorwarnung aufgelöst!

Stellt euch mal vor, liebe Kinder: Die Armee löst Alarm aus, aber niemand sagt den Generälen, wer der Feind ist. Die Generäle waren plötzlich nur noch von Freunden umzingelt. Die Generäle waren vom Frieden bedroht! Und wir wollen doch nicht, dass jemand bedroht wird, liebe Kinder.

Machen wir mal ein anderes Beispiel. Ihr habt vielleicht schon mal was gehört von den palästinensischen Terroristen. Die palästinensischen Terroristen sprengen israelische Zivilisten in die Luft, weil Israel ihr Feind ist. Und Israel ist ihr Feind, weil israelische Friedenskämpfer palästinensische Zivilisten in die Luft sprengen, weil die Palästinenser ihre Feinde sind. Die UNO sagt, dass Schluss sein muss mit dem Krieg, aber nicht sofort, weil die USA sagen, sofort geht nicht, weil Israel sagt, sofort geht nicht, erst müssen wir siegen, obwohl der Papst gesagt hat, in einem Krieg gibt es keine Sieger. Aber Israel will erst die Hisbollah vernichten, obwohl die Hisbollah immer stärker wird durch Israels Verteidigung, weil sich immer mehr Araber mit den Terroristen solidarisieren, weil die israelischen Friedenskämpfer schon so viele Kinder weggebombt haben, was aber nur ein Irrtum war, und Irren ist menschlich. Und obwohl die UNO den Libanon schon seit vielen Jahren aufgefordert hat, die Hisbollah zu entwaffnen, ballert die Hisbollah von libanesischem Gebiet auf israelische Kinder, denn die libanesische Regierung hört nicht auf die UNO, weil Israel seit vielen Jahren auch nicht auf die UNO hört.

Und das Lustigste ist, dass sich überall auf der Welt Freund und Feind mit den gleichen Waffen beschießen, zum Beispiel mit dem Sturmgewehr vom Typ G3 oder der Maschinenpistole vom Typ MP5, die sich im Irak ebenso wie im Sudan oder Somalia bei Streitkräften und Terroristen großer Beliebtheit erfreuen. Und wisst Ihr, liebe Kinder, was noch lustiger ist? Beide Waffen kommen aus Deutschland. Weil sie »äußerst zuverlässig und extrem präzise« sind, wie es in der Werbeschrift des deutschen Unternehmens Heckler und Koch steht, einer Firma, die erfolgreich seit 55 Jahren weltweit einskommafünf Millionen Menschen in den Genuss kommen lässt, äußerst zuverlässig und exakt von einem Produkt aus dem schwäbischen Traditionshaus erschossen zu werden.

Und wenn ihr von unserem Bundespräsidenten gehört habt, dass wir auf Deutschland auch mal ein bisschen stolz sein können, dann könnt ihr jetzt alle ein bisschen stolz sein. Auf deutsche Raketenschnellboote und Panzerabwehrraketen im Libanon und in Israel und in Syrien. Und auf die Lieferung von Material zur Herstellung von Giftgas für den Irak, damals, als der Irak noch unser Freund war, weil Saddam Hussein ein Freund der USA war, weil der Iran der Feind war, weil damals die iranische Regierung die amerikanischen Erdölfelder verstaatlicht hatte und deshalb der CIA den Schah an die Macht putschen musste, damit der Iran wieder ein Freund der USA wird, weshalb nun der Irak ein Feind der USA war, bis Khomeni den

Schah wegrevolutionierte und der Iran wieder ein Feind der USA wurde, weil der Iran nun Atombomben bauen will, für die er einst die Baupläne mit einem Umweg über Pakistan von deutschen Rüstungsfirmen erhielt, so wie einst ein deutscher schlauer Fuchs die Atombombenpläne der USA an die Russen weitergab, als die Russen noch unser Feind waren, bevor sie unsere Brüder waren, und ob sie heute unser Freund oder unser Feind sind, das weiß ja keiner so recht. Das ist schade. Denn wenn man nicht genau weiß, ob Russland unser Feind oder unser Freund ist, könnte man zur Zeit gegen Russland auch keinen Krieg führen wie damals, als die Russen noch unser Feind waren.

Aber, liebe Kinder, ihr müsst euch das alles gar nicht so genau merken. Hauptsache, ihr wisst nun, was man mit einem Krieg machen muss. Nämlich beenden. Aber nicht sofort. Sondern erst, wenn alle genug daran verdient haben. Und das, liebe Kinder, ist ja nun wirklich nicht so schwer zu begreifen.

Wort zum Sonntag

Die NPD hat wieder den Einzug in ostdeutsche Landtage geschafft. Die NPD steht auf dem Wahlzettel. Also ist sie auch wählbar. Sonst würde sie ja nicht auf dem Wahlzettel stehen. Die Nazis sind nicht verboten. Raucher sind verboten. Denn Rauchen ist gefährlich. Wenn der Nazi Nichtraucher ist, kann er im Landtag sitzen. Als Raucher wäre der Nazi gefährlich. Als die Nazis vor fünf Jahren zum ersten Mal in den Landtag zogen, waren die Politiker sehr, sehr betroffen. Heut sind sie nicht mehr so sehr, sehr betroffen. Beim ersten Mal, da tut's noch weh. Doch mit der Zeit, so peu à peu gewöhnt man sich daran.

Rede eines betroffenen Politikers

September 2006 Liebe Mitbürger und Mitbürgerinnen! Heute möchte ich mich wieder einmal wenden. Über den NPD-Wahlerfolg in Mecklenburg-Vorpommern sind wir Politiker und Politikerinnen tief betroffen. Und weil die NPD so plötzlich und unerwartet in den Landtag kam wie das Kind in die Jungfrau, sind wir zurzeit sogar sehr tief betroffen. Ich kann nur hoffen, dass sich der Schreck schnell wieder legt. Plötzlich wird die Zunahme rechter Gewalttaten sogar von denen gesehen, die auf dem rechten Auge blind sind. Und in der »Märkischen Allgemeinen Zeitung« las ich: Brandenburgs Polizei erhält mehr Rechte. Muss das sein?

Was tun, liebe deutsche Freunde und Freundinnen? Ich habe zunächst einmal alle Glatzen gebeten, sich mit diskriminierenden Aussprüchen gegen Ausländer zurückzuhalten. Natürlich gibt es ein Problem mit der Überfremdung, liebe Nazis und Nazissen.

In Mecklenburg leben eineinhalb Prozent Ausländer. Da kommen auf eine Stadt wie Pasewalk nullkommafünf Neger. Und das ist nur die Dunkelziffer. Deshalb hat ja die Politik humanistische Maßnahmen ergriffen, damit kaum noch Ausländer nach Deutschland kommen. Denn ein Äthiopier, der nicht nach Deutschland darf, kann auch nicht in Deutschland ins Koma geprügelt werden. Der kann sich in seinem unsicheren Drittland umbringen lassen. Da spart er die Reisekosten.

Nun kommen ja all diese Probleme vor allem aus dem Osten. Eine Studie beweist, dass der Prototyp des rechtsradikalen Wählers dem Prototyp der – ich will dieses böse Wort einmal nennen – Unterschicht ähnelt. Da ist nun überall von Armut die Rede. Sechseinhalb Millionen sollen es sein. Das macht uns Politiker sehr betroffen. Im Osten sollen nämlich zwanzig Prozent zur sogenannten Unterschicht gehören. Im Westen sind es nur vier Prozent. Das sind in ganz Deutschland vierundzwanzig Prozent! Gäbe es die Armut im Osten nicht, dann hätten wir die vier Prozent im Westen abzüglich der zwanzig Prozent im Osten – das ergäbe dann für Deutschland minus sechzehn Prozent. Das wäre doch ein Plus, liebe Ostdeutsche und Ostdeutschinnen. Es soll ja chancenlose Menschen geben, denen es an Leistungswillen mangelt. Hat der Sozi Beck gerügt. Und der Schönbohm von der CDU stellte eine »Verwahrlosung in der Gesellschaft« fest. Da gibt es Arbeitslose, die resignieren, depressiv sind und sich gehen lassen. Das macht uns sehr betroffen. Liebe Hartz-IV-Empfänger und -fängerinnen: Wenn ihr schon Zukunftsängste habt, gut, dann seid doch wenigstens optimistisch! Dazu habt ihr allen Grund. Denn Müntefering hat gesagt, dass es gar keine Schichten bei uns gibt. Also gibt es auch kein Problem. Es gibt höchstens, so steht es in dieser Studie, gesellschaftlich »Abgehängte«. Und wenn ihr, liebe Abgehängte und Gehängtinnen, ein Problem daraus macht, dann warnen wir euch: Wir Politiker brauchen euch nicht. Wenn ihr am Rande der Gesellschaft schon für den Staat unbrauchbar und überflüssig seid, dann solltet ihr nicht auch noch undankbar sein. Das macht uns nämlich tief betroffen. Dann, liebe Arbeitslose und Arbeitslosinnen, schieben wir euch ab ins Ausland. Dann könnt ihr mal in Polen Spargel stechen oder für die Chinesen den Türken spielen. Dann seid ihr weg! Dann machen wir Mecklenburg zur verlassenen Einöde. Zur No-Go-Area. Denn wenn wir euch, liebe NPD-Wähler und -innen, nicht mehr nach Mecklenburg reinlassen, dann gibt es in Mecklenburg auch keine NPD-Wähler und -innen. Weder Innen noch Außen. Dann sind wir das Problem los. Und dann müssen wir nicht mehr so tief betroffen sein.

Stille Nacht

Dezember 2006 Weihnachten ist das Fest des Friedens. Das lass ich mir nicht durch Kriegsmeldungen vermiesen. Ich nutze trotz Schreckensnachrichten schon die vorweihnachtlichen Tage für erbaulichere Stimmung inmitten von handgeschnitzten Engeln und Hirten, mit denen B. das Wohnzimmer vollgestellt hat und mir in dieser Erzgebirg-Idylle zu verstehen gibt, dass sie – zumindest in der Adventszeit – mit einem Nussknacker als Mann glücklicher wäre. Sie ist dann allabendlich rege beschäftigt, die zweiunddreißig Pyramidenkerzen am Brennen zu halten, was bedeutet, dass die erste Kerze links vom rechten Christkind schon wieder zu verlöschen droht, wenn grad die letzte Kerze rechts vom linken Räuchermännl durch eine neue ersetzt werden muss.

Umgeben von Halleluja-Engeln zeige ich Neigung, mich atheistischer Frömmigkeit hinzugeben, obwohl ich – durch sozialistische Gelöbnisschwüre auf Heilsbringer und Fahnenappelle zu Ehren roter Propheten gewarnt – unempfänglich für Gottesintreibungen bin. Aber dann erinnere ich mich meines kommunistischen Vaters: Wie er am Weihnachtsabend stets die Kirche im Dorf ließ und mit ungeübten Fingern dem häuslichen Klavier Kadenzen entlockte, zu denen er mit fester Stimme »Vom Himmel hoch, da komm ich her« sang. Als ahne er, dass sein Kommunistisches Manifest und Jesus' Bergpredigt der Hunger nach Gerechtigkeit eint. So besang mein Genosse Vater am Klavier sitzend den Heiland, und über ihn blickte von einem Bücherbord eine Marxbüste milde nieder. Das waren berührende Augenblicke in meiner Nachkriegskindheit. Und Oma in der Sesselecke, mit ihrem Kopftuch einer Muselmanin gleichend, vervollständigte das Bild trauter Multikulti-Eintracht, in der van Gogh noch mit seinen Sonnenblumen an der Wand hing und nicht im Krieg der Kulturen totgeschlagen auf dem Pflaster lag. Mag sein, dass mich diese Erinnerung an jene Wärme in einem damals unbeheizten Zimmer nach einem Land sehnen lässt, in dem es nicht trotz erwiesener Klimaerwärmung immer kälter wird.

ES WAR EIN GUTES JAHR – mit diesem Satz pflegte mein Vater nach dem Auspacken der bescheidenen Geschenke ein Nachkriegsjahr zusammenzufassen, weil Ährenklauen, Kartoffelstoppeln und Rübenpressen erfolgreich hungerstillend gewesen waren. IM NÄCHSTEN JAHR WIRD ES NOCH BESSER WERDEN, fügte er hinzu. Mit diesen optimistischen Genen im Blut resümiere auch ich: ES WAR EIN GUTES JAHR. Noch nie ward mit Waffen so viel Frieden geschaffen. IM NÄCHSTEN JAHR WIRD ES NOCH BESSER WERDEN. Friedensstiftende Maßnahmen setzen Kriege voraus. Wer den Krieg nicht ehrt, ist den Frieden nicht wert. Das Jahr hat uns gelehrt, den Terror zu ächten. Und den Krieg zu preisen. Das sehen auch die Grünen ein, die noch zum Golfkrieg auf ihr aufrechtes Parteifähnlein schrieben: »Wer daran denkt, Kriege als Mittel der Politik zu definieren, muss seines Amtes enthoben werden.« Aber sie enthoben sich ihres Amtes nicht. Kosovo, Mazedonien, Afghanistan – dreimal blies Friedenskanzler Schröder in seiner Amtszeit zum Kriegseinsatz. Stille Nacht, heilige Nacht. »Ein jeder gürte sein Schwert um die Lenden und erschlage seinen Bruder, Freund und Nächsten.« So sprach Moses zu seinen Getreuen. 2. Mose 32, 27f.: »Und die Söhne Levi taten, was ihnen Moses geheißen, und es fielen an dem Tag dreitausend Mann.« Vom Himmel hoch. Gott kann froh sein, dass es ihn nicht gibt. DOCH NÄCHSTES JAHR WIRD ES BESSER WERDEN. Das würde ich gern meinen Kindern sagen.

Fernes Deutschland ganz nah

Reisebericht

September 2007 Ich fliege zwölf Stunden, verstehst du, und dann stehe ich mit der Reisegruppe in der roten Kalahari und die rote Sonne geht unter und der Sand wird noch röter und drei Kudus stehen auf einem Hügel schwarz vor der roten Sonne und mitten hinein in diese Kitschpostkarte fragt mich der Herr, der sich schon auf dem Flugplatz mit rheinländischem Dialekt vorgestellt hat: »Sie kommen aus Dresden?« Ich sag ganz stolz »Ja«, aber der Herr fragt: »Was wird denn nun aus der Waldschlösschenbrücke?« Ich werde rot, aber das sieht der rheinländische Herr nicht bei roter Sonne auf rotem Sand. Und am nächsten Tag, keuchend pausierend auf den letzten Metern beim Ersteigen einer Düne, hält eine freundliche Hamburgerin solidarisch mit mir inne, und da muss man ja irgendwas sagen so zu zweit in weiter Wüste, und da sagt sie: »Ich hab gehört, sie kommen aus Dresden? Ich frag mal bloß, wegen der Waldschlösschenbrücke.« Drei Tage später werden wir in Swakopmund sein, und ich werde eine deutschsprachige namibische Zeitung kaufen, und neben einem Bericht über Präsident Hifikepunye beim Besuch des botswanischen Botschafters werde ich lesen, dass eine Hufeisennase in Dresden den Bau der Waldschlösschenbrücke ...

Es wird zeitig finster zehntausend Kilometer entfernt von der Heimat, und es ist kalt in der Lodge, denn es ist Winter in Afrika. Denk ich an Dresden in der Nacht, dann bin ich um den Schlaf gebracht. Oder war es doch schon im Traum, als ich eine ulbrichtsche Stimme aus dem Munde unseres sächsischen Ministerpräsidenten hörte: »Niemand hat hier die Absicht, eine Brücke zu bauen.« Und dann erschießt er die einzig auffindbare kleine Hufeisennase und sagt: »Ich komme aus dem Siegerland«, und ich sage: »Angenehm, ich komme aus dem Verliererland«, und ein Umweltschützer triumphiert: »Ätsch, wir haben ja noch den Wachtelkönig!« Und was Frauenkirche und Grünes Gewölbe und Semperoper nicht geschafft haben: Die ganze Welt kennt jetzt Dresden. Und die ganze Welt lacht und lacht und lacht, bis mich der Reiseleiter weckt, weil wir den Sonnenaufgang im Etoscha-Park beobachten wollen.

Ich befehle mir ein striktes Zeitungs- und Fernsehverbot und konzentriere mich aufs Elefantengucken. Nur als wir an der Grenze zu Sambia eine kilometerlange Trackschlange beim Warten auf die einzige Fähre über den Sambesi sehen, denk ich: Hier könnten sie sie hinbauen, die Waldschlösschenbrücke. Aber ich vermute, es fände sich in Dresden irgendeine Partei, die dies mit der Begründung verhindern würde, dass es am Sambesi kein Waldschlösschen gibt.

Dann steht in der nächsten Lodge doch ein Fernseher samt RTL, und ich befürchte neue Brückenpossen, aber ich höre draußen die Stille und drinnen im Moskitobett liegend Nachrichten vom Koalitionsstreit um Mindestlöhne, schlafe diesmal ohne Träume, besuche am nächsten Tag einen Buschmänner-Kral, schenke bettelnden Kindern ein paar Kekse und sehe ihre vor Freude leuchtenden Augen, und das eine Kind heißt Paul und das andere Henriette. Und Paul und Henriette wissen nichts von einer Hufeisennase und einem Mindestlohn. Und die Welt dreht sich und ringsherum Wüste, kilometerweit. Und ob ich diese Sätze schreibe und ob die Leser diese Notizen gut finden – es wird plötzlich unwichtig, verstehst du? Vielleicht, dass diese San-Kinder lachen, das schon. Das ist wichtig.

Neujahrsansprache der Bundeskanzlerin 2007

Liebe Mitbürgerinnen und Mitbürger, auch das Jahr hat ein Ende. Nur die Wurst hat zwei. Aber das vergangene Jahr kann uns nicht wurst sein. Denn es hat uns Glück gebracht. Das ist nicht selbstverständlich, liebe Mitbürgerinnen und Mitbürger. Stellen Sie sich nur mal vor, das Weihnachtsfest wäre in diesem Jahr auf einen Freitag gefallen und vielleicht auch noch auf den 13.! So was soll es in der Welt nicht mehr geben. Dafür hab ich mich auf all meinen Reisen eingesetzt. Ich habe 32 Länder besucht. So verging das Jahr wie im Fluge. Ich hab mich für den Klimawandel eingesetzt und viel erreicht. Als ich Grönland erreichte, hörten die Eisberge bei meinem Anblick auf zu schmelzen. Ich habe in Texas den amerikanischen Präsidenten erreicht, den ich seit unserer Nacht im Geländewagen vertrauensvoll Tschorsch nennen darf. Darauf können wir alle stolz sein.

Liebe Mitbürgerinnen und Mitbürger, auch im neuen Jahr, so kann ich Ihnen versprechen, werden Sie mich nicht oft im Inland erreichen. Und da auch mein Vizekanzler als Außenminister immerzu ferne Länder bereisen muss, wird der eine oder auch der andere von Ihnen ängstlich fragen: Deutschland allein zu Haus? Doch ich verspreche Ihnen: Meine Abwesenheit wird keiner bemerken. Und damit ist doch schon viel erreicht.

Zum Jahreswechsel muss ich jedoch bei aller internationalen Anerkennung auch ein Stück weit wehmütig gestehen, dass mir ein bisschen Liebe und Zärtlichkeit fehlen werden. Es war für mich auf den EU-Gipfeln immer der Gipfel, wenn mich der alte Sack Chirac umarmte und küsste. Doch der neue französische Präsident Sarkozy geht ja bekanntlich fremd, nur weil ich kein Model bin. Aber Model durfte ich in der DDR nicht werden, weil ich nicht in der Partei war. Trotzdem wurde ich die beliebteste Kanzlerin, die unser Land jemals hatte. Ich weiß auch nicht warum. Vielleicht deshalb, weil ich im Sommer beim Treffen der großen Acht im schönen Hotel in Heiligendamm zum zweiten Mal in meinem Leben eine Mauer überwunden hab. Zum Dank durfte ich mich dort zu einem Gruppenfoto in einen Strandkorb setzen – mehr kann man für 100 Millionen, die das Ganze gekostet hat, nicht erreichen.

Aber auch Sie, liebe Mitbürgerinnen und Mitbürger, haben im vergangenen Jahr viel erreicht: Es ist aufwärts gegangen! Zum Beispiel mit der Mehrwertsteuer. Und mit den Lebensmittelpreisen. Und mit der Kinderarmut. Da kann man nicht einfach sagen: Jetzt reicht es. Nein, wir wollen auch künftig beweisen: Die große Koalition ist zu allem fähig. Auch wenn die Regierung von der Freiheitsstatue Westerwelle kritisiert wird – wir tun, was wir können. Und mehr können wir nicht. Ich verspreche allen Bürgern auch für das neue Jahr: Einen Mindestlohn für Manager wird es nicht geben. So wie es auch eine gesetzlich festgelegte Höchstgrenze für die Anzahl von sozial Benachteiligten nicht geben wird. Da ist das Erreichbare noch lange nicht erreicht. Dafür wollen wir uns alle einsetzen.

Manche Mitmenschen, liebe Mitbürgerinnen und Mitbürger, kritisieren an meiner Regierungsarbeit, dass ich keine Entscheidungen treffe, wenn sie mich treffen könnten. Ja, ich habe mir einen Satz zu Eigen gemacht, den der Dramatiker Noel Coward einst sagte: »Nichtstun macht nur dann Spaß, wenn man eigentlich viel zu tun hätte.«

In diesem Sinne, liebe Mitbürgerinnen und Mitbürger, wollen wir im kommenden Jahr noch viel mehr erreichen.

Anleitung zur aktuellen Ungehörigkeit

Volksvertreter Oberstleutnant J. K. ist Präsidiumsmitglied im Förderkreis »Deutsches Heer« und kann als Mitglied im Verteidigungsausschuss des Bundestages locker mal im Auftrag der im »Deutschen Heer« sitzenden Rüstungslobby ein paar Millionen für Rüstungsaufträge durchwinken, und wenn die Millionen von der Opposition im Bundestag beanstandet werden, landen die Unterlagen im Rechnungsprüfungsausschuss, in dem J. K. sitzt, der die Rechnungen prüft, die J. K. als Mitglied des Verteidigungsausschusses des Bundestages genehmigt hat, weil die Millionen für Rüstungsausgaben vom Förderverein »Deutsches Heer« beantragt wurden, in dessen Präsidium J. K. sitzt.

Februar 2008 Lieber Leser! Ich suche heute mal einen Dummen. Nennen Sie mir doch einmal eine Eigenschaft, die Ihnen wichtig ist. Sie sind ehrlich? Sehen Sie: Da sind Sie der Dumme. Haben Sie sich schon mal gefragt, warum Sie nicht zu denen gehören, die Millionen kassieren? Gut, Sie könnten antworten: Weil Sie gescheitert sind. Falsch! Arcandor-Chef Middelhoff fuhr seinen Konzern mit 746 Millionen in die Pleite und erhielt dafür zum Abschied drei Millionen Boni. Hypo-Exchef Funke ruinierte seine Bank und erhält dafür 560 Tausend Pension jährlich. Und jetzt frag ich Sie: Wann haben Sie das letzte Mal Ihre Bank ruiniert? Gut, Sie haben vielleicht schon mal Ihr Konto überzogen. Da machen Sie etwas falsch! Sie müssen nicht sich ruinieren, sondern andere! Natürlich haben die Herren Middelhoff und Funke gearbeitet, manchmal sogar am Wochenende. Und genau mit dieser Begründung schanzte sich Ex-Postbank-Chef Klein eine Prämie von 2,4 Millionen zu, weil er beim Verkauf seiner Bank, wörtlich, »an Wochenenden arbeiten musste«. Warum, lieber Leser, arbeiten Sie nicht am Wochenende? Das wäre übrigens produktiver als immer nur diese Neiddiskussion. Ihr Frust ist groß. Ich verstehe das. Zumwinkel unterschlug durch Steuerhinterziehung 1 Million. Eine Hartz-IV-Empfängerin musste einen Monat in den Knast. Wegen Schwarzfahrens. Sie unterschlug einen Euro fünfzig. Wäre Zumwinkel für jede eineinhalb Euro mit einem Monat bestraft worden, müsste er 666 666 Monate in den Knast. Das sind rund 55000 Jahre. Weil sich mit dem Urteil »Wir verurteilen Sie zu 55000 Jahren Haft« die Justiz lächerlich gemacht hätte, blieb ihr nichts anderes übrig, als Zumwinkel laufen zu lassen. Aber Zumwinkel und Co.: Das sind doch heutzutage alles keine Skandale mehr. Denken Sie an den unvergleichlichen Al Capone in den zwanziger Jahren – sein Hauptquartier in Chikago steht noch heute auf dem Programm der Stadtrundfahrten. Wer fährt schon an Hartz seiner Hütte vorbei, nur weil der auf VW-Kosten mit brasilianischen Nutten gebumst hat. Den Korrupten heute fehlt jegliche Aura. Nehmen Sie mal den Waffenschieber Schreiber – der kommt doch nie auf den Elektrischen Stuhl. Der zittert doch höchstens wegen Altersschwäche.

Sie müssen noch viel lernen, lieber Leser. Hören Sie auf mit Ihrem »Ich bin ehrlich«! Geben Sie es zu: Auch in Ihnen steckt ein kleiner Zumwinkel. Sie haben wirklich noch nie den Sozialstaat betrogen? Da kann Sie nur die eigene Unzurechnungsfähigkeit daran gehindert haben. Natürlich gibt es Leute, die sind zu allem zu blöd. Auch zum Betrügen. Sie wollen nicht der Dumme sein. Aber der Blöde doch erst recht nicht, oder? Nicht wenigstens einmal schwarzgefahren? Oder mal ein paar Stunden Schwarzarbeit? Oder ein paar Zigaretten über die Grenze geschmuggelt? Aber das reicht nicht, um mithalten zu können. Sie sollten auch noch lernen, wie man bei tschechischen Straßennutten die Mehrwertsteuer unterschlagen oder die eigene Frau als außerordentliche

Belastung von der Steuer absetzen kann. Ich weiß: Da sind Sie als Ostdeutscher in besonderem Maße gehandicapt. Es ist noch gar nicht so lange her, da hatten Sie von der Börse keine Ahnung und haben den Dow Jones für den Sänger von Sex Bomb gehalten. Da wird es nun Zeit, dass Sie in der sozialen Marktwirtschaft die Regeln der unsozialen Machtwirtschaft lernen. Erstens: Jeder nimmt, was ihm nicht gehört. Zweitens: Jeder behält, was er geben sollte. Fangen Sie erst einmal klein an: Es ist doch nicht so schwer, auf seine Ferieninsel eine Kakerlake im Gepäck mitzunehmen, diese auf dem Bett zu fotografieren und dann vom Reiseveranstalter die Hälfte der Hotelkosten zurückzuverlangen. Oder die Versicherung zu betrügen, indem Sie Ihren Freund bitten, seine Haftpflicht zu belasten, wenn Ihr Sohni Muttis Meißner vom Esstisch gezogen hat.

Ab sofort sollte es an den Schulen das Fach Asozialkunde geben, damit Ihre Kinder nicht wie bisher an der Waldorffschule lebensfremd dahindümpeln müssen, sondern lernen, wie man krumme Geschäfte auf gradem Weg abwickelt, Bilanzen fälscht und Raffen als erste Bürgerpflicht empfindet. In einem Staat, wo angeblich alle die gleichen Chancen haben sollen, darf es doch nicht angehen, dass das Fach »Betrügen« nur den Eliteschulen vorbehalten bleibt. Damit Ihr Kind im Erwachsenenalter trotz aller Betrügereien in keiner Gerichtsakte auftaucht, sondern in der Liste der Ordensträger. Oder soll es Ihrem Kind mal so gehen wie jenem Hartz-IV-Empfänger, der die Kostenübernahme für seine Zahnbehandlung beantragt, daraufhin vom Sozialamt vorgeladen wird und öffentlich beweisen muss, dass er seine Zähne richtig putzen kann? Fangen Sie mit dem Betrügen klein an. Dann schaffen Sie's auch mal ins große Geschäft!

P.S.: Die Kosten für meine Lektion überweisen Sie bitte auf mein Konto.

Stammtischzellen unter sich

Nachdem die Rente ab 67 schon Gesetz ist, schlägt nun die Deutsche Bundesbank die Rente ab 69 vor. Ich verstehe den Aufschrei nicht! In diesem Alter fängt doch mancher erst zu arbeiten an! Der amerikanische Finanzbetrüger Bernard Madoff wurde zu 150 Jahren Gefängnis verurteilt. Der könnte sich nun beleidigt in die Zellenecke kauern und abwarten, bis er die Jahre abgesessen hat. Aber, nein: Er begann zu arbeiten. Er graviert im Knast Namensschilder für Türen. Und er sagt, diese Arbeit mache ihn sehr glück-lich und zufrieden. Das beweist, dass Menschen bis ins hohe Alter produktiv sein können. Warum also mit 69 aufhören? Mit 69 hat Madoff noch nicht mal geahnt, welche völlig neuen Perspektiven auf ihn zukommen werden. Also, deut-sche Rentner: Auch wenn euch die Regierung das letzte Hemd ausziehen sollte – Ärmel hochkrempeln!

Ein Protokoll

April 2008 »Die Kacke ist am Dampfen«, sagt Karl-Heinz und ruft nach einem Bier. »Du tust, als stünde die gewaltsame Machtübernahme der Linken unmittelbar bevor«, sagt Wenzel. »Steht sie«, sagt Hubertus, und Wenzel sagt: »Natürlich: Die Ypsilanti wollte ja mit dem Lafontaine«, sagt Zickel Gerda und fügt hinzu: »Ich möchte das nicht«. »Was?«, fragt Karl-Heinz. »Mit dem Lafontaine.« »Das will ja nicht mal der Westerwelle«, sagt Hubertus. »Aber der will sich jetzt öffnen«, hat Zickel Gerda gelesen. »Nach allen Seiten.« »Aber nicht nach links«, berichtigt Dr. Weinlauch. »Mit den Linken will niemand, mit dieser Nachfolgeorganisation der SED«, sagt Karl-Heinz, und da sagt Wenzel zu Karl-Heinz: »Wenn du die Linken nach fast 20 Jahren immer noch als Nachfolgeorganisation der SED bezeichnest, dann ist die CDU nach 200 Jahren auch noch die Nachfolgeorganisation der Inquisition.« Karl Heinz schäumt vor Wut. Das Bier nicht. »Die Xsilanti will auch niemand, obwohl die SPD ist«, sagt Wenzel. »Mit der Ypsilanti will ja gar keiner, weil die ihr Wort gebrochen hat«, berichtigt Dr. Weinlauch. »Mit so was darf man nicht verkehren!« Wenzel versucht eine Verteidigung: »Was reitet ihr alle auf der Ypsilanti herum!?« Karl-Heinz antwortet: »Das liegt mir fern.« »Wortbruch«, sagt Wenzel, »die Rente ist sicher, die Arbeitslosenzahl wird halbiert, die Mehrwertsteuer nicht erhöht! Wenn Lügen kurze Beine haben, trügen Politiker Schlüpfer als lange Hosen.« Dr. Weinlauch wagt ein erstes Lachen. »Niemand hat die Absicht eine Mauer zu bauen.« »Das war der, na hier, der Diktator ...« Der Diktator liegt Zickel Gerda auf der Zunge. »Der mit dem Bart!« »Chaplin?«, fragt Karl-Heinz. »Später«, sagt Zickel Gerda. »Der Ulbricht?« »Der Ulbricht hat gesagt, Adenauer sei ein Kriegstreiber«, fällt Karl-Heinz ein. »Oettinger hat gesagt, Filbinger sei ein Widerstandskämpfer«, sagt Wenzel. »Mein Vater hat gesagt, von Viagra bleibt der Hals steif«, sagt Hubertus. Dr. Weinlauch lacht jetzt laut. »Die Ypsilanti kann nicht mit dem Koch«, sagt Hubertus. »Den Koch hätt ich nie gewählt«, sagt Zickel Gerda, »ich sag immer: das Auge wählt mit!« Dr. Weinlauch erinnert sich: »So was muss man mit der Zaunslatte erledigen.« »So was wie die Linken?«, ergänzt Karl-Heinz. »Das hat vor 20 Jahren Hessens SPD-Ministerpräsident Börner gesagt, aber der hat die Grünen gemeint.« Dr. Weinlauch ist sehr schlau. Dr. Weinlauch ist Doktor. »Ich weiß gar nicht, was der Beck von der SPD will«, fragt Wenzel. »Mit dem Beck könnt ich nie«, ruft Zickel Gerda, »der sieht so unappetitlich aus.« »Du musst ihn ja nicht essen.« Der Abend wird lustig. »Die SPD mit der Linken, das wäre der Untergang.« »Der Untergang war neunundachtzig!«, stolpert Wenzels Zunge. »Seit wann ist denn die Titanic neunundachtzig untergegangen?« »Den Untergang hab ich im Kino gesehen. Der Hitler hat den Ganz gespielt.« »Ganz?«, fragt Zickel Gerda. »Ja, freilich ist die Titanic ganz untergegangen!« »Bruno Ganz!« »Bruno, das war doch der Braunbär. Den hat die bayrische CSU abgeschossen.« »Das verwechselst du, die CSU hat die Pauli abgeschossen!« »Was sucht denn die CSU auf Sankt Pauli?« »Pauli? Hieß so nicht ein Papst?« »Nein, der hieß Paul!« »Dann war die Pauli die Sekretärin?« »Vom Hitler?« »Der Hitler war doch Nazi, oder?«, fragt Zickel Gerda. »Waren sie doch früher irgendwie alle«, sagt Hubertus. »Mein Vater war Kommunist!«, gesteht Wenzel. »Das Schwein«, sagt Karl-Heinz und bestellt noch eine Runde.

Goethe und Schaller

Kabarettautoren träumen davon, dass Ihre Texte nicht nur Makulatur, sondern auch Literatur sind. Es ist mir ein Bedürfnis, Ihnen beweisen zu dürfen, dass auch ich die Sprache unserer großen deutschen Dichter von Goethe bis Goethe beherrsche. Deshalb gebe ich Ihnen meinen ersten klassischen Text zur Kenntnis. Sie werden schon an der ersten Zeile die literarische Qualität erkennen, wobei ich darauf verweisen möchte, dass das böse Wort in der ersten Zeile nur deshalb in meine Dichtung und Wahrheit gelangt ist, weil ich keinen anderen Reim auf »Vom Eise befreit ...« fand. Aber so was soll ja auch Goethe passiert sein, der übrigens nicht zimperlich war im Umgang mit Vulgarismen. Ihnen ist sicher das Leck-mich-am-Götz-von-Berlichingen-Zitat bekannt, aber schockieren würden Sie, sofern Sie aus bürgerlichem Haus stammen, in Goethes »Erotischen Gedichten« Verse wie »Klingelts nicht, so klapperts doch bei Ursel mit dem kalten Loch«. Ich denke, im Vergleich mit diesen Schweinereien des Dichterfürsten wird Ihnen mein Osterspaziergang wie das Reinheitsgebot der deutschen Sprache vorkommen.

Osterspaziergang 2008

Von Scheiße befreit sind Strom und Bäche.
Doch die staut sich dafür in jedem Kanal
von RTL zwo bis TV-Total,
von Superstar, Dschungelcamp, Spirale aus Glück.
Der alte Goethe in seiner Schwäche
zog sich in raue Quiz-Shows zurück.

Von dorther sendet er beim Raten
ohnmächtige Schauer zum Kandidaten:
War Gretchen die Schwester von Hänsels Bruder,
oder war sie ein faustdickes Teppichluder?
Auf des Raters Stirn Perlen ängstlichen Schweißes.
Aber denkst du etwa, der Kandidat weiß es?
Nein. Auch Jauch kann Bildung und Streben
in unserem Manne nicht wieder beleben.
Er erreicht 100 Euro mit Müh und Not.
In seinem Hirne die Zellen waren tot.

Kehre dich um von diesen Höhen
in das Fernsehtal zu sehen:
Aus der Röhre finsterem Tor
dringt ein hohles Gewimmer hervor:
Ich höre es kernern, pilawern, bärbeln.
Ein jeder will seinen Verstand verscherbeln,
will dabei sein, wenn sie sich mit Schlüpfern beschmeißen
bei Sonya Kraus und Oliver Geissen.
Und statt der Auferstehung des Herrn
feiert die ganze Nation heute gern
Carmen Nebel und Silbereisen,
auch wenn die Gehirne dabei vergreisen.

Und sieh nur, sieh: Ist das nicht Dieter Bohlen gewesen?
Er schrieb ein Buch. Und nun kann er's nicht lesen.
Doch ein andres Buch ist jetzt begehrt
und holt die Frauen zurück an den Herd.
Die Eva schrieb es, die Blondine.
Sie preist das Weib als Fleischpraline
und Kuscheltier vom Ehemann.

Ich glaub, so fängt es immer an,
wenn der Autorin Uterus
bis ins Gehirn reinwuchern muss.

Ob es vögelt auf Vox, ob es stöhnt auf Pro sieben,
ob Lüste auf Brüste, ob Schniedel zum Lieben:
Frauen sind dort immer – wohin du auch stierst
ein Arsch mit zwei Ohren und am Blinddarm gepierct.
Und Heidi Klums Top-Models brauchen als Weib
einen magersüchtigen Leib so,
als könnten's wir Männer nur treiben,
wenn die Knochen richtig reiben.
Und die ganze Nation muss es erleben:
Schad, nun ist er wieder vergeben.
Er gefiel uns doch so, der Boris Becker
als Samenspender und Doppeldecker!

Es ballern aus den Fernsehkisten
die Vergnügungsterroristen,
bis wir alle uns ergeben
unter ihrem Dauerbeschuss.
Nur der verdient den Schwachsinn sich im Leben,
der täglich ihn erobern muss.
Und bis zum Sinken überladen
kentert dort im Sturm ein Boot.
Doch uns kann keine Sintflut schaden:
Wir lachen uns schon vorher tot.
Und zwischen Gaudi, Jux und Pimmel,
da liegt des Fernsehvolkes Himmel.
Verblödet fragt sich Groß und Klein:
Bin ich noch Mensch? Das kann nicht sein.

Lieber kalt als alt

Bekanntmachung an alle über 65

April 2008 Liebe Rentner und Rentnerinnen: Die vom Bundeskabinett beschlossene Rentenerhöhung um 1,1 Prozent wird euch künftig durchschnittlich siebendreiviertel Euro pro Monat mehr bescheren, obwohl ihr als Senioren und Seniorinnen das Bruttosozialprodukt in keinster Weise mehrt. Doch die Vorfreude, sich mit diesem unverhofften Geldstrom in Zukunft noch mehr im Luxus suhlen zu können, wird hoffentlich, liebe Altersgenossen und -genossinnen, in Scham umgeschlagen sein, seit Bundespräsident a. D. Roman Herzog vor einer »Rentnerdemokratie« warnte, in der »die Älteren die Jungen ausbeuten«. Und wer zudem noch Schirrmachers Apocalypse now kennt, in der er prophezeit, dass »im Vergleich zur demografischen Katastrophe der Untergang des Kommunismus eine Bagatelle war«, der weiß: Es wird Zeit zu gehn! Denn gab es im Kampf gegen den Kommunismus die Parole »Lieber tot als rot!«, so muss die Devise im Kampf gegen die Rentnerschwemme heute heißen: Lieber kalt als alt! Nicht umsonst hat ein ehemaliger Präsident der Ärztekammer schon vor Jahren gefragt, ob »diese Zählebigkeit anhalten kann oder ob wir das sozial verträgliche Frühableben fördern müssen«.

Deshalb, liebe Dahinalternde und -innen: Ich rufe euch auf, euch an eurem 65. Geburtstag zum Notschlachten zu melden. Dies wird ein Anblick: Wenn Abertausende Rentner blumenschwenkend durch die Straßen in den Heldentod ziehen, um das Gesundheitssystem vor dem Kollaps zu bewahren. Denn Soziologen haben errechnet, dass jeder von den Alten lediglich auf zwei Tage seines Lebens verzichten müsste – und schon wären unsere Sozialsysteme gerettet. Nur Mut! Ich hab auch schon mal auf zwei Urlaubstage verzichtet – so schlimm war das gar nicht! Wollt ihr, liebe Rentner, wirklich weiter am Säckel des Staates hängen, bis es ausblutet? Wollt ihr wirklich im Rollstuhl mit euren dritten Zähnen der Jugend die Zukunft wegfressen? Ich weiß: Manche von euch verstecken sich schon rücksichtsvoll auf den Kanarischen Inseln und verstopfen die Strände von Mallorca, um der hiesigen Jugend euren elenden Anblick zu ersparen. Aber das genügt nicht! Ihr müsst euch schon fragen lassen, ob ihr künftig wirklich ein neues Hüftgelenk braucht oder ob es nicht reicht, sich an die neue Hüfte eures Nachbarn mit dranzuhängen.

Liebe Alterspyramide und -pyramidinnen der Bundesrepublik Deutschland: Ihr seid zwanzig Millionen. Schon eure Überreste würden genügen, um Deutschland zuzuschütten. Wenn erst einmal zwanzig Millionen graue Panther zum großen Sprung ansetzen, würde es Schäuble überhaupt nichts nützen, die Bundeswehr im Innern einzusetzen. Denn dann stünde ein weicheiiger Urenkel im Spürpanzer gegen zwanzig kampfgestählte Urgroßväter. Mit Johannes Heesters an der Spitze! Aber wollt Ihr das? Wollt ihr bei diesem Scheißwetter auf die Straße gehen? Mit eurem Rheuma? Und mit der Anweisung, dass ihr in einer Stunde wieder pünktlich im Heim sein müsst? So wird das nichts! Also, liebe Kukidentträger und -trägerinnen: Überdenkt noch mal den Vorschlag, ein bisschen eher in die Urne zu hüpfen. Es wird ein Höhepunkt, im letzten Augenblick seines Lebens zu wissen, wenigstens einmal für den Staat nützlich zu sein.

Doll, doller, am dollerantesden

Die Sachsen sind helle und heeflich. Sagen die Sachsen. Dass sie auch tolerant sind, sagen die Sachsen nicht. Wenn ein einziger Türke über den Dresdner Altmarkt strömt, fühlt sich der Sachse überfremdet. Am meisten fühlen sich die überfremdet, die noch nie einem Türken begegnet sind. Ich kenne einen Jugendlichen, der hat außer seinem Schatten auf den Straßen noch nie einen Schwarzen gesehen. Trotzdem bleibt für ihn kein Neger einer zu viel. Denn der Keine bedroht ihn. Wegen des niedrigen Ausländeranteils wird vor Wahlen Sachsen mit Plakaten zugeklebt, auf denen steht: KRIMINELLE TOURISTEN RAUS! AUSLÄNDER WILLKOMMEN! Oder war es umgekehrt? Herr Piefke kann das klären.

Herr Piefke übt am Stammtisch Toleranz

Mai 2008 Ich verstehe ni, warum sichs die Menschen so schwer machen mitn Menschen. Zusammenleben wär so einfach mitn bissel Dolleranz. Ich hab nischt gegen Dolleranz. Damit wir uns ni falsch verstehn. Man muss Mensch bleiben. Ob man will oder ni. Angeblich solln mir ja alle homo sapiens sein. Da muss ich mal klarstellen: Ich ni! Ich bin hetero! Damit ich ni falsch verstanden werde: Ich hab nischt gegen Homos. Aber wenn die Schwulen eim laufend vorn Ogen rumschwuchteln mit Nasenringen im Ohr und dann noch behaupten »Und das ist gut so«, dann sag ich denen: Wisst ihr was? Ihr geht mir glatt am Arsch vorbei! Damit ich ni falsch verstanden werde: Ich hab nischt gegen Nasenringe. Ich hab da bei meiner Kenia-Reise ein Vidcho gemacht von diesen Azdeken, wie die Hula-Hula tanzen, am Tiddigaggasee. Ich sage dir: De Weiber – solche Nasenringe! Aber ich sage immer: Alles, wo's hingehört. Wenn die nun alle zu uns kommen wollen, bloß weil hier um de Ecke bei Aldi de Bananen billiger sind, da kann ich den Hungerleidern nur zurufen: Macht mal einen kurzen Urlaub bei uns. Aber dann wieder dawei! Doswidanja, wie die soffjetschen Freunde sagten, als mir sie noch tolerieren mussten. Damit ich ni falsch verstanden werde: Ich hab nischt gegen die Russen. Obwohl die jetzt ni mehr unsre Brüder sind. Aber das is ja das Ungerechte: Die Russen sind abgezogen – die Homos sind geblieben. Und warum? Weil unsereins so dollerand iss. Ich bin selbst zu Asylanten immer ganz freundlich. Ich sage immer: Liebe Necherinnen und Necher, hier nix Schwarzarbeit! Aber die Politiker sperrn sie ja sofort in Heime. Zivilisierte Wohnhäuser für Menschen, die normalerweise unter freiem Himmeln schlafen. Das is doch keene artgerechte Haltung für afrikanische Bergvölker. Damit ich ni falsch verstanden werde: Ich hab nischt gegen Bergvölker. Ich liebe die Bayern. Ein gemütlicher Stamm! Aber wenn die Bayern uns zentnerweise als Touristen mit ihrem Dialekt überfallen, so dass du vor der Dresdner Frauenkirche denkst, jetzt läuten de Glocken vom Münchner Hofbräuhaus … Weil wir grad von der Frauenkirche reden – damit ich ni falsch verstanden werde: Ich hab nischt gegen Frauen. Ich hab ni mal was gegen Frauen im Bundestag. Dort muss och mal sauber gemacht werden. Aber wenn die jetzt schon im gebärfähigen Alter in der Politik mitmischen, so dass unsereins vielleicht noch de Kinder stillen muss, da hat ja die Dolleranz och ihre nadürlichen Grenzen. Da kann die Alice Schwarzer agitieren so lange se will, da kommt mir noch lange ni die Muttermilch hoch. Und dann is man gleich frauenfeindlich. Aber die Weltbevölkerung besteht ja zur Hälfte aus Frauen. So weit haben wir's schon gebracht! Und noch schlimmer: Die Weltbevölkerung besteht mittlerweile zu 98 Prozent aus Ausländern! Und da sind die Sorben noch gar ni dazugerechnet. Und dann heißt es immer, das sind Minderheiten, auf die ich Rücksicht nehmen muss: Als Autofahrer auf die Radfahrer, als Raucher auf die Nichtraucher, als Rechtshänder auf die Linkshänder und als Steuerzahler auf die Kinderreichen. Die Minderheiten sind längst in der Mehrzahl. Ich hab jetzt mal einen kinderreichen schwulen Linkshänder auf eim Fahrrad getroffen, der wie ein Necher aussah und polnisch mit bayrischem Akzent sprach. Und so was versteh ich ni! Das ist einfach eine Überfremdung zu viel! Und wenn die halbwegs Normalen, also solche wie ich, wenn die als Minderheit unterdrückt werden, da darf man sich doch ni wundern, wenn sich de Nazis die Glatzen kämmen und mit dem Baseballschläger die Zeit totschlagen. Ich hab nischt gegen Nazis. Damit sie mich ni falsch verstehen.

Wenn die Sonne Urlaub hat

Gespräche im Hause Seeblick über den abwesenden Herrn Schlück

Juli 2008 Am ersten Urlaubstag schien die Sonne in Strömen, und der Abend malte einen Emil-Nolde-Himmel über das Meer. Aber schon am folgenden Tag schütteten die Wolken Wasser in die Strandkörbe, so dass uns nur das Doppelzimmer mit WC und Dusche mit seitlichem Meerblick Schutz bot. Der Wellnesskatalog versprach Verwöhnmomente für den gehobenen Herrn in Gestalt eines Bernsteinbades samt extravaganter Pflegebehandlung. Aber ich wollte weder in Bernsteinen baden noch ein extravaganter Pflegefall sein. Ich suchte Abwechslung im Café, in dem eine kellnernde Saisonkraft als einzig jugendliches Element inmitten heesteresker Urlauber ein auch in den folgenden Tagen fortgesetztes Quiz begann: Kommt der bestellte Kuchen erst, wenn der Kaffee kalt ist oder der Kaffee gar nicht und nur der Kuchen oder der Kaffee erst nach dreißig Minuten? Wie mein Tipp auch ausfiel, auf eins konnte ich mich verlassen: dass die Saisonkraft den Serviervorgang immer mit dem Wunsch abschloss: »Genießen Sie's!« Was immer ein bisschen klag wie: »Genießen Sie's gefälligst!«

B. kam aus der Anti-Aging-Oase mit deutlich sichtbarem Liftingeffekt, und wo B. war, war Small Talk nicht weit, sondern saß gegenüber in Gestalt von Frau Schlück, deren leidvolle Vita wir zwischen »Genießen Sie's« und Tortenverzehr erfuhren. »Voriges Jahr in Mexiko war mein Mann noch mit, aber dann hatte er Blinddarm, und jetzt sieht er schlecht!« »Mexiko, waren wir auch«, versuchte B. das Gespräch aus der tragischen Zone zu holen, »interessant, die ganze Kultur der Maja.« Aber Frau Schlücks Gesicht blieb wolkig: »Und was ist davon geblieben?«

B. sagte: »Nur die Biene«, aber der Witz misslang. »Schrecklich«, sagte Frau Schlück, und nach einigem Schweigen sagte sie: »Wir sind 33 Jahre verheiratet, und es ist immer noch Liebe.« »Schrecklich!«, wollte ich antworten, was wird für den blinddarmlosen Herrn Schlück Liebe sein? Wenn's hochkommt, wird es Arbeit. »Trinken wir Wein«, schlug B. vor. Was sonst tun bei dem Wetter? Das Hotel lud zum Urlauberschießen ein, aber ich hatte heut keine Lust, auf Urlauber zu schießen. »Ich könnte da einen guten Wein anbieten«, sagte Herr Genießensies, »er ist äußerst luftig im Abgang.« »Ja, aber erst einmal möchte ich ihn trinken«, sagte ich. »Auch Wein ist teurer geworden«, klagte Frau Schlück, »und überhaupt werden Lebensmittel teurer.« »Sie sind an den Ölpreis gekoppelt.« Frau Schlück sah mich irritiert an. »Welche Lebensmittel haben denn was mit Öl zu tun?« »Zum Beispiel Ölschinken.« Frau Schlück lachte kurz, verfiel aber gleich wieder in Wehmut: »Mein Mann sagt, er kann sich den Benzinpreis nicht mehr leisten, weil sein Mercedes so viel schluckt, aber er geht jetzt in die Suppenküche essen, ein Menü für dreifünfzig, da lernt er auch Hartz-Vier kennen, da gibt es ja anständige Leute drunter.« Wir tranken noch einen luftigen Abgang. Ich wollte nicht aufs Zimmer gehen, weil ich der längeren Benutzung wegen höhere Preise befürchtete, nachdem ich irgendwo gelesen hatte, Bahnrambo Mehdorn habe auf die Frage, wie sich ständige Zugverspätungen mit ständig steigenden Fahrpreisen vertragen, geantwortet: Die Reisenden nehmen ja bei Verspätung die Züge auch länger in Anspruch.

Ich ging mit B. in den Regen, der aus der Dunkelheit fiel. Am Strand rollte uns weiße Gischt entgegen, über der ein Mond kitschig zwischen den Wolken hing. »Das Leben ist schön«, sagte ich zu B. und glaubte zu hören, wie die Saisonkraft hinter uns sagte: »Genießen Sie's!«

Sonderberichterstattung aus der Kampfzone

Die unanzündbare Frau Maischberger und andere
Friedensgeschütze zur Eröffnungsfeier der Olympiade in China

August 2008 Fast hätte mich die gigantomanische Eröffnungsfeier eingelullt, hätte die ARD nicht extra die Friedenstaube Sandra Maischberger ins Vogelnest eingeflogen, die dafür sorgen soll, dass beim Entfachen der olympischen Flamme in mir das kleinste Streichholz der Begeisterung erlischt.

Sandra erklärte mir gleich beim ersten Showbild, dass die Chinesen zwar Massen dirigieren können, das Individuum aber keine Chance habe. Da stellte ich mir ein einzelnes deutsches Individuum vor, das im Stadionrund von einer deutschen Kerze angestrahlt mit drei individualistischen Kniebeugen Millionen Fernsehzuschauer zur Ekstase treibt. Soldaten im Gleichschritt – das können die Chinesen, wusste uns die Friedenstaube zu berichten, worauf sich die Girlreihe des Berliner Friedrichstadtpalastes verpflichtete, künftig nur noch Freistil zu tanzen, um nicht in die Nähe asiatischer Drills gerückt zu werden. »Das sind geschönte Bilder, die die dunklen Seiten der chinesischen Geschichte verschweigen.« Ach ja, was wäre das für ein Fest der Freude geworden, hätten bei der Olympiade in München Buchenwald-Häftlinge in bunten Verbrennungsöfen gewunken und in Los Angelos ein paar skalpierte Indianer tanzend an ihre Vernichtung erinnert.

Sandra sucht verzweifelt beim Einzug der Sportler nach einem Protestarmbändchen und fragt, ob die gute Laune nicht verordnet sei, und dann »müssen sich alle bei der chinesischen Hymne erheben. Wir wohl auch«. Das schmerzt. Ich vermute schon die ganze Zeit, dass sich DDR-Sudel-Ede im Grab erhebt und seine

Auferstehung feiert. Aber dann gibt es doch noch ein paar anerkennende Worte über Chinas Aufbauleistung.

Nun lächelt auch George Bush in die Kamera, nachdem er sich verpflichtet hatte, die Todesstrafe in Amerika abzuschaffen, wenn sie China auch abschafft. Immerhin hat Bush dem chinesischen Führer die Hand geschüttelt, obwohl der ja schon so heißt wie das Wort, vor dem alle erschrecken: Hu! Frau Merkel ist nicht nach Peking gefahren. Wohl aus Rücksicht auf die tibetische Kichererbse. Aber Schröder soll da sein, doch ich entdecke auf der Tribüne nur seinen Freund, den lupenreinen Demokraten Putin. Und während die Fackel das Feuer im Stadion entzündet, informiert mich eine Tickermeldung, dass synchron dazu auch Georgiens Präsident Saakaschwili das Feuer entzündet hat. Aber, so werde ich zwei Tage später in meiner Zeitung lesen: RUSSLANDS ÜBERMACHT ZWINGT GEORGISCHE ARMEE ZUM RÜCKZUG. Das ist ja das Fiese an diesen Russen: Erst werden sie angegriffen, dann schlagen sie feige zurück. Auf die Art haben sie uns schon 1945 den Sieg vermasselt. Das Feuer brennt. Die Kämpfe beginnen.

Sandra gibt China noch ein bisschen Nachhilfeunterricht in Sachen Demokratie. Wir Deutschen wissen aus unserer Geschichte, wie Demokratie auszusehen hat: Adolf Nazi, Wilhelm II., Bismarck. Mein Opa mahnte: Die Chinesen kommen. Mein Vater mahnte: Die Russen kommen. Nun kam auch noch Frau Maischberger. Und ich weiß nicht, was schlimmer ist.

Reich, aber arm dran

Maikäfer flieg, Vater war im Krieg. Mutter war Kartoffeln stoppeln. Oma saß am Kinderbett und las mir Gedichte vor. Sie hatte im Gegensatz zu meinen Eltern noch so ein unausrottbares Rudiment bürgerlicher Bildung. Und so hörte ich dann in der Nachkriegszeit neben der Ode an Stalin auch ein Herbstlied, das mir Oma so oft vorlas, dass ich seitdem den Text auswendig kenne: »Herr, es ist Zeit. Der Sommer war sehr groß. / Leg deinen Schatten auf die Sonnenuhren, / und auf den Fluren lass die Winde los. / Befiehl den letzten Früchten, voll zu sein; / gib ihnen noch zwei südlichere Tage, / dränge sie zur Vollendung hin und jage / die letzte Süße in den schweren Wein. / Wer jetzt kein Haus hat, baut sich keines mehr. / Wer jetzt allein ist, wird es lange bleiben, / wird wachen, lesen, lange Briefe schreiben / und wird in den Alleen hin und her / unruhig wandern, wenn die Blätter treiben.« Ich hielt damals, achtjährig, Rainer Maria Rilke für einen Arbeiterdichter, so wie ich in der Schule auch viele Arbeiterführer und Arbeiterlieder kennenlernte. Vielleicht ist es dieses frühe Arbeitertrauma, das mich nun sechzig Jahre später drängte, das Herbstlied umzudichten.

Hartzlied
Herr, es ist Zeit. Der Jammer ist sehr groß.
Leg deinen Schatten auf uns Kreaturen
und in den Arbeitsagenturen lass den Teufel los.
Befiehl den letzten Früchtchen fleißig sein,
streich ihnen noch zwei unbezahlte Tage,
dräng sie zur Arbeit hin und jage
mit einem Euro jedes arme Schwein.

Wer jetzt keinen Job hat, findet keinen mehr.
Wer arbeitslos ist, wird es ewig bleiben,
wird Angebote lesen, lange Briefe schreiben,
die als Bewerbungsunterlagen hin und her
erfolglos durch das Arbeitsamt wie Blätter treiben.

Oktober 2008 Die FDP bringt es auf den Punkt: Leistung muss sich wieder lohnen. Und bringen Sie als Hartz-IV-Empfänger Leistung? Und wer soll denn die Renten bezahlen, wenn die Rentner mit 85 immer noch aus der künstlichen Hüfte schießen wollen? Ohne Kinder keine Rente, das ist heute der Generationsvertrag. Wenn heut jede Frau nur einskommadrei Kinder gebärt, können sich die Entbindungsstationen die größte Mühe geben, möglichst noch jede Nachgeburt hochzupäppeln – es reicht nicht. Entweder es kreißt im Kreißsaal wieder mehr, oder jedem Werktätigen werden künftig zwei Arbeitslose oder Rentner zugeteilt, die er gefälligst zu Hause durchzufüttern hat! Sie müssen endlich aufhören, die Reichen um ihren Reichtum zu beneiden. Die können nämlich nix für, dass sie reich sind. Die kennen auch das Elend. Die brauchen auch unseren Trost. Die werden doch immer nur angepisst. Ehrlich. Auf denen darf jeder rumhacken. Die müssen sich in Ghettos einmauern als Schutz vor den Armen. Mit Stacheldraht und Schießanlagen! Von Videokameras überwacht. Da sehnt man sich doch nach der Freiheit der Obdachlosen! Oder schauen Sie sich nur mal die Frau Schickedanz an, die mit der Karstadt-Pleite all ihre Millionen verloren hat und nun auch noch dem Gespött des gemeinen Mobs ausgesetzt ist. Oder die Banker in der Krise: zu wenig Schlaf, zu wenig gesundes Essen, kaum Zeit für die Familie – nur Stress, Stress, Stress! Also seien Sie zufrieden mit Ihrem bescheidenen Leben, mit Ihrem Kleingartenluxus samt

Plumsklo. Was glauben Sie, wonach sich so ein Milliardär sehnt, wenn er auf seiner diamantenbestückten Alabasterbrille von Armani sitzt und die Nagelbrettstimme von Tom Waits aus der Hifi-Anlage von Bang & Olufsen hört, die Hosen von Gucci heruntergezogen bis über die Schuhe von Bellucci, in der einen Hand Henkells Trocken und in der anderen Hakle feucht – wissen Sie, wovon er da träumt? Von Ihrem Kleingarten-Plumsklo! Von diesem einfachen Leben fern vom Elend der Hochfinanz und der Kälte der fußbodenbeheizten Luxusvillen. Während Sie sich als Arbeitsloser in der sozialen Hängematte sonnen, bringen sich millionenschwere Manager und Banker mit ihrem täglichen Erfolgsdruck in psychovegetative Erschöpfungszustände. Folge: Kaffee, Zigaretten, Alkohol. Folge: Herzbeschwerden. Dagegen nimmt er Betablocker. Von denen kriegt er Erektionsstörungen. Die bekämpft er mit Viagra. Davon kriegt er Herzbeschwerden. Folge: Erschöpfung. Er geht zur Gruppentherapie, lernt auf Glasscherben balancieren, bis sein Herz rast vor Glück. Folge: Betablocker. Folge: Erektionsstörungen. Folge: Versagensängste. Die bekämpft er mit Kaffee, Zigaretten, Alkohol. Er muss sich mit Frischzellen und Wachstumspräparaten vollpumpen, damit er dank Testosteron, Melatonin und Serotonin noch ein paar Jahre auf der Fettbrühe mitschwimmen kann, bis er ausgelaugt nach einem Kreislaufkollaps auf einem kalten gefliesten Tisch endet, um dem Pathologen seine letzten Worte entgegenzuhauchen: Ich hab viel Geld verdient! Möchten Sie so enden? Also hören Sie auf mit Ihrem Gefasel von sozialer Gerechtigkeit. Bleiben Sie lieber arm.

Dumm-dumm-Geschosse

Bei einer Führung durch die Katakomben der 240 Meter über der Elbe thronenden 400 Jahre alten Festung Königstein frage mich gestern eine brillantenbestückte Dame, ob es die Burg auch schon vor der Wende gegeben habe. Nein, hätte ich gern geantwortet: Das Plateau wurde in der DDR lediglich bei Hochwasser als Schiffsanlegestelle benutzt. Aber ich befürchtete, die Dame würde verwundert zurückfragen: »Was, Hochwasser? Ich denk, in der DDR gab es nichts?« Mir fiel der Bericht eines Kapitäns ein, dessen Kreuzfahrtschiff sich mitten im Ozean zwischen Europa und Amerika befand, als er von einer sächsischen Mittelständlerin in geübtem Hochdeutsch gefragt wurde: »Das tät mich mal interessieren: Schläft die Crew auch auf dem Schiff?« Und der Kapitän soll geantwortet haben: »Ja, aber nur an den Wochenenden.«

Mich würde es nicht wundern, würde sich ein Politikwissenschafts-Student wundern, warum bei Karl Marx keine Indianer vorkommen. Oder ein Hobby-Geschichtsforscher würde Millowitsch für einen jugoslawischen Diktator halten. Oder Schüler würden Wolfgang Schäuble für den Propagandaminister von Walter Ulbricht im Dreißigjährigen Dienst halten. Und ich denk mal: Dass sich unser IQ immer mehr dem geistig verwirrter Amöben angleicht – das ist gewollt. Verblödung ist staatstragend.

Vom Nachrichtenmagazin, dessen Name verdächtig nach LOCUS klingt, bis zu jenem Blatt, in dem schon ein darin eingewickelter Hering sauer wird – Tausende Journalisten reisten an, um von Tokio bis Rio zu künden, wie Eisbärmädchen Flocke einen Cocktail trinkt oder wie *sich im Gehege Paris Hilton zum ersten Mal mit ihrem Pfleger zeigt. Oder war es umgekehrt? Wenn wir jährlich an durchschnittlich dreiundfünfzig Tagen pro Jahr das gesendete Gammelfleisch aus allen TV-Mülleimern hinunterschlucken, weil wir schon zu schwachsinnig sind, uns daran zu erinnern, wie man die Glotze abschalten kann, wenn wir unter der Losung aus den Medienchefetagen »Halte die Zuschauer nicht für blöd – aber vergiss nie, dass sie es sind« ein Volk von Schwachköpfen werden, wenn wir ihre Unterhaltungsfolter nicht mehr als Schmerz, sondern als Scherz empfinden – dann können sie uns manipulieren, wie sie wollen. Oder können sie schon? Ich teste Sie mal: Suchen Sie bitte bei der ARD das Testbild und dann nennen Sie mir den Hauptdarsteller ...*

Im Land des Lächelns

November 2008 Im goldenen Tale des Überflusses hatte sich die Lage dramatisch zugespitzt: Jeden Montag wälzten sich Demonstrationszüge durch die Gassen. Das Volk hatte es satt. Auf den Transparenten stand: WIR WOLLEN KEINE BRETTER MEHR VOR DEM KOPF, SONDERN BOHLEN! Das Volk sehnte sich nach einem Führer, den es lieben konnte. Und da grad kein neuer Führer zum Bau neuer Autobahnen zur Verfügung stand, wählte das Volk Dieter, den Großen, zu seinem König. Die Menge drängte sich jubelnd auf den Platz, und Dieter, der Große, winkte auf der Tribüne stehend mit seinem gebrochenen Glied zurück. Dann hob er zu sprechen an: »Ein Volk der Dichter und Denker, was ist das schon?!« Und das Volk schrie im Chor: »Pillepalle!« Und Dieter, der Große, sprach: »Gut, die Regierung hat euch das letzte Hemd ausgezogen. Aber jetzt krempelt mal gefälligst die Ärmel hoch. Ich hoffe, dass jeder ab sofort so viel Geld wie ich verdient, dann haben wir ne super Finanzsituation!« Und da jeder gern eine super Finanzsituation haben wollte, beschlossen auch die Sozialhilfeempfänger, ab sofort viel Geld zu verdienen, und waren von Stund an glücklich. Bildungsministerin Verona versprach bei ihrer Vereidigung: »Lieber Herr Pisa: Bei mir werden Sie geholfen!« Unter Schirmherrschaft von Lilo Wanders wurde der 3. Oktober als Tag der Vereinigung zum Tag des Dauerorgasmus erklärt. Das Volk jammerte nicht mehr – es stöhnte. Daniel Küblböck erhielt aus den Händen von Reich-Ranicki den Goethe-Preis. Mit dieser weisen Entscheidung konnte vorübergehend verhindert werden, dass der Name des Dichterfürsten ganz aus dem Bewusstsein der Deutschen verschwindet. In den Hallen der Buchmesse rissen sich Millionen Fans um Moshammers Bestseller »Meine Nächte mit Daisy«. Die Feministinnen drängten sich um Susan Stahnkes Erfolgsbuch »Im Spiegel meines Darms.« Ärzteteams standen vor einem Rätsel: Trotz Ebbe in den Gehirnen stieg die Flut. Das aber sorgte niemanden, da als wertvollstes Körperteil sowieso die Arme galten, die jeder zum Mitschunkeln bei der MDR-Musikantenscheune dringend brauchte. Theater und Museen schlossen, von niemandem bemerkt. Ein fanatischer Liebhaber rettete die Schlummernde Venus aus den verfallenden Kunstsammlungen und schmuggelte sie als Pornobildchen in die städtische Erotikshow. Aerodynamische Journalisten kamen auf dem Mainstream dahergeschwommen und kündeten aller Welt vom Land des Lächelns. Alle waren glücklich. Und durch das goldene Tal klang aus Tausenden Kehlen an jedem Feiertag die Hymne LACHT AUF, VERDUMMTE DIESER ERDE!

Die Zukunft war gestern besser

Zum Jahreswechsel 2008/2009 – Ein Ausblick zurück

Ein Jahr geht. Packen wir es an! Es war ein Jahr voller Schreckens-meldungen: Klimakatastrophe, Finanzkrise, und nun erreicht uns auch noch die Horrormeldung, dass es Heino dreimal pro Woche treibt. Ohne Brille. Und die Kanzlerin greift nicht ein. Die Rezession steht vor der Tür. Wolle wir sie reinlasse? Trotzdem war dieses Jahr ein gutes Jahr, denn das nächste Jahr wird ein Jahr schlechter Nachrichten, aber im Vergleich zum übernächs-ten Jahr wird das nächste Jahr ein gutes Jahr, weil das übernächs-te Jahr ein noch schlechteres Jahr wird. Im nächsten Jahr wird die Glühbirne verboten. Wir werden von Sparlampen regiert: Die Erderwärmung hinterlässt in den Hirnen Trockenzonen, während sich das Lesevolk der Dichter und Denker durch Feuchtgebiete schnüffelt. In den Wasserköpfen steigt der Pegel.

Es war ein gutes Jahr: Biometrische Daten werden erfasst. Bio ist gesund. Bush muss gehen. Es war ein gutes Jahr. Ein Kommen und Gehen. SPD-Beck musste gehen, obwohl er bleiben wollte, SPD-Clement sollte bleiben, aber er ging, SPD-Münte kam wie-der, die Pendlerpauschale kam wieder, Frau Ypsilanti musste zwar nicht gehen, aber sie konnte auch nicht kommen, dafür wird Koch wiederkommen. Es war ein gutes Jahr: Ein schwarzer Heiland erschien in Amerika. Nun hat auch Hessen einen schwarzen Erlöser. Einen, der noch vor einem Jahr per Gesetz das Tragen der Burka verbieten wollte, obwohl eine Burka in Hessen noch nie gesichtet wurde – was so viel bedeutet, als würde man Indianern verbieten, mit Stäbchen zu essen. Es wird ein gutes Jahr werden: Frau Merkel wird Kanzlerin bleiben. Königin der Herzen ist sie ja schon. Wenn sie bis 77 durchhält, kann sie sogar so wie Ingrid

Berger noch Dschungelkönigin werden. Es wird ein gutes Jahr: Dank Abwrackprämie werden wir die Krise überwinden. Ich krieg für ein altes Auto 2500 Euro und für ein neues Kind 100. Um auf die Abwrackprämie für ein altes Auto zu kommen, muss ich 25 neue Kinder zeugen. Oder 25 alte Kinder abgeben, um ein neues Auto zu zeugen. Es wird ein gutes Jahr: Laut Westerwelle bringt mir das Konjunkturpaket (Zitat) »ein Plus von drei Euro zwanzig im Monat, also eine Currywurst mit Majo ohne Pommes«. Ich esse aber keine Currywurst. Und erst recht keine Majo. Aber vielleicht darf es auch eine Eierschecke mit Schecke ohne Ei sein. Es war ein gutes Jahr: Nacktscanner werden nicht eingesetzt, Huber und Beckstein wurden abgesetzt, Wissenschaftler warnen vor schwarzen Löchern, Helmut Kohl hat geheiratet, Boris Becker hat sich entlobt, Ex-Steuerhinterzieher Zumwinkel wurde abgeführt, Ex-Terrorist Klar wurde entlassen, Dieter Bohlen beklagte in einer Talkshow das Schicksal der Reichen: Er könne früh nicht einmal richtig pupsen, weil die Putzfrau schon im Haus ist. Aber er sei zu seinem Personal ein Kumpel. Vielleicht darf die Putzfrau pupsen, obwohl Dieter Bohlen im Haus ist. Oder sie pupsen im Duett. Es war ein gutes Jahr: Die EU liefert nach Afrika kostenlos für die Opfer gescheiterter Fluchtversuche eintausend Leichensäcke. Als Entwicklungshilfe. Vielleicht gibt es bei uns Konsumscheine. Damit wir kaufen. Um die Wirtschaft zu stärken. Um den Kapitalismus zu retten. Irgendetwas werden Sie schon finden, was Sie kaufen können, weil Sie es noch nicht haben, weil Sie es gar nicht brauchen. Aber wenn der Kapitalismus nun doch untergeht, weil Sie nicht so viel kaufen können, weil Sie nicht so viel Geld haben, weil Sie keine Arbeit haben – was kommt dann? Ich sag es Ihnen: Das neue Jahr.

Es wird ein gutes Jahr. Es wird Beulen geben. Prost! Stoßen wir an!

Ich bin nicht totzukriegen

Ich schaue meinem Begräbnis zu

Februar 2009 Langsam wird mein Sarg an mir vorübergetragen: mindestens zehn Zentimeter zu kurz für meine Länge. Man soll mich nicht kleiner machen, als ich bin. Aber in Zeiten steigender Bestattungskosten heißt es sparen an allen Ecken. Also ziehe ich den Kopf ein. Ich bin im Leben oft genug angeeckt, da muss ich mir nicht auch noch Beulen an Sargbrettern holen …

Das ist verwirrend, wie ich hier zu erzählen beginne. Aber seiner eigenen Beerdigung zuzusehen, ist verwirrend. Angefangen hat alles mit einem Interview, in dem ich gefragt wurde, welche Aufschrift ich mir auf meinem Grabstein wünsche. Ich hatte darüber noch nie nachgedacht, wusste aber, dass Inschriften oft auf den Beruf des Verstorbenen verweisen. HIER RUHT EIN ARZT, NUN IST ER STUMM. UND DIE ER HEILTE, LIEGEN RINGSUM, las ich auf einem Grabstein, und ein Boxer wählte die Inschrift HÖRT AUF, BIS NEUN ZU ZÄHLEN, ICH STEHE NICHT MEHR AUF. Ich entsann mich auch der Grabschrift: HIER LIEGT EIN GLÜHENDER PATRIOT – NUN IST ER KALT, DENN ER IST TOT. Aber ich habe weder geboxt noch patriotisch geglüht. Ich war einst Lehrer, aber der Gedenkspruch EIN TREUES LEHRERHERZ UND ZWEI NIMMERMÜDE HÄNDE HABEN AUFGEHÖRT ZU SCHLAGEN stammt aus einer anderen Zeit, und so wusste ich auf die Reporterfrage keine Antwort, denke aber seitdem unaufhörlich übers Sterben nach. Man möchte es ja ein bisschen gemütlich haben im Grab, denn man ist länger tot als lebendig. Freilich könnt ich mich im globalisierten Zeitalter kostengünstig unter die Erde bringen lassen – in Tschechien soll das ja ein Schnäppchen sein. Und auch

China drängt auf den Beerdigungsweltmarkt. Aber ich weiß nicht – auf Stäbchen liegt es sich unbequem. Nein, deutsch wäre mir lieber. In dem Punkt fühl ich national.

So quält mich nachts die Frage: Wie wird es sein, wenn ich ins Jenseits fahre, ohne Rückfahrkarte? Ich würde die Hölle wählen, ich bin schon zu Lebzeiten im Urlaub immer gern ins Warme geflogen. Meine Seele steigt aus dem Körper – ich habe das von Menschen mit Nahtoderfahrungen gehört: Wie sie von oben auf ihren Körper schauen. Also schweb ich wie ein Engel über mir und sehe den Leichenbestatter: Er nimmt die Blumen vom Sarg, er braucht sie als Geschenk für seine Frau. Er hat selten Zeit für sie, das Geschäft floriert auch in der Wirtschaftskrise. Gestorben wird immer. Aber ich hätte Verständnis dafür, wenn sie in diesen schwierigen Zeiten den Sarg wiederverwenden oder in meiner Urne die Asche eines anderen Rentners der meinen untermischen. Pietät im Doppelpack. Alles muss sich schließlich rechnen heutzutage. Es müsst nur möglichst ein schlanker Rentner sein, damit es nicht allzu eng wird.

Ich sehe, wie sie mich den Friedhofsweg entlang tragen. Rechts und links säumen ein paar Neugierige den Weg, als nähmen sie die Parade ab. Ich erkenne einen früheren Kulturfunktionär und einen Fernsehredakteur und einen entfernten Kollegen. Sie alle geben dem Toten die letzte Ehre, obwohl sie dem Lebenden nie die Ehre gegeben hatten.

Meine Seele schiebt sich durch den Spalt der Eichentür in die Kapelle, in der Orgelspiel einsetzt. Und mir wird feierlich wie immer bei Orgel und traurig auch, weil ich Begräbnisse schlecht vertragen kann. Ich weiß noch nicht, dass das Friedhofsland längst verkauft wurde, weil hier ein Gewerbegebiet entstehen soll. Die Totenstätten werden verlegt für eine Lebensmittelkette. Ich werde wohl bald umgetopft. Egal. Keiner wandert schneller als die Toten, hat Tucholsky gesagt. Aber ich bin ja schon zu Lebzeiten nie gewandert. Ich käme als Toter nicht weit. Es hat keinen Zweck, laufend ans Sterben zu denken. Ich schau mich in der Welt um: Es gibt wirklich im Leben Schlimmeres.

Mittelalter

Ein TV-Magazin krittelte an katholischen Schulen herum, die sich – entgegen gesetzlicher Regelungen – der Aufnahme nicht- oder andersreligiöser Kinder verweigern. Na und? Ich kenne das aus meiner Jugend, als der sozialistische Staat nicht der FDJ angehörenden oder anderweitig nicht »klassenbewussten« Schülern – entgegen gesetzlicher Regelungen – den Zugang zu Hochschulen versperrte. Dass auch kirchliche Schulen und Kindergärten vom Staat finanziert werden, wusste ich zwar bisher nicht, erschien mir aber logisch, nachdem mich ein anderes TV-Magazin unterrichtet hatte, dass fast alle Bundesländer ihre Kirchendiener vom Erzbischof bis zum Dom-Messner aus der Staatskasse bezahlen. Allein die Bayerische Staatskanzlei schüttet jährlich 61.478.551 Euro aus ihrem Steuerzahlersäckel über ihre kirchlichen Eminenzen. Das sind, falls Sie im Lesen so langer Zahlenketten ungeübt sind, 61 Millionen! Aber diese Summe klingt wie Portokasse gegenüber den 400 Millionen, die aus dem Staatshaushalt Jahr für Jahr in die Kirchengemeinden fließen. Und selbst wenn es eine Dorfgemeinde gar nicht mehr gibt – das Geld gibt es, und das geht so: Zu Zeiten Napoleons musste die Kirche Ländereien an weltliche Herrscher abgeben. Fürstliche Regelungen regelten regelmäßige Entschädigungen an die Kirchen. Vor zweihundert Jahren. Nun ist zwar manch Napoleon verstorben und auch mancher Staat und Kaiser und Könige kamen und gingen – aber die Regelung ging nicht. Alle vergaßen bis heute, die Regelung zu entregeln. Obwohl das Grundgesetz Artikel 140 festlegt: »Staatsleistungen an Religionsgemeinschaften werden abgelöst.« Doch soviel Trennung von Kirche und

Staat ist in einem Staat, in dem Kirche und Staat getrennt sind, eine Trennung zuviel. Und wenn Sie diese Zahlen nun noch schön auswendig lernen, können Sie das Lesen dieses Büchleins als Weiterbildungsmaßnahme abrechnen. Dann war es für Sie wenigstens nicht ganz umsonst.

Ein sehr katholischer Katholik beichtet

April 2009 Mal ehrlich, mein Engelchen: Einsam sind die Menschen. Und woher kommt sie denn, die Vereinsamung? Weil es keine Liebe mehr gibt. Und warum gibt es keine Liebe mehr? Weil sie gottlos geworden sind, die Menschen, ohne Religion. Die soll jetzt wieder im Biologieunterricht gelehrt werden, die Schöpfungsgeschichte. Hat die hessische Kultusministerin gefordert. Weil: Wir stammen nämlich alle von einem intelligenten Design ab. Auch wenn man es nicht jedem von uns ansieht. Nix Darwin. Dieses Design – das hat uns an einem Tag geschaffen. Vonwegen wir stammen vom Affen ab. Da wäre ja Gott ein Affe. – Hörst du in der Ferne die Musik, mein Engelchen? Ist es ein Madrigal? Schöööön! Mittelalter. Dorthin müssen wir wieder zurück. Es war nicht alles schlecht im Mittelalter. Gut, Scheiterhaufen für Andersdenkende waren vielleicht nicht so gut. Schon wegen der Schadstoffbelastung. Aber der heilige Markus aus Bayern, der Söder: endlich einer, der Gotteslästerung streng bestrafen will. Nicht dass die bayrische Müllabfuhr künftig auch Hexen verbrennen soll, nein. Ich weiß auch gar nicht, ob die Pauli gut Feuer gefangen hätte. Aber bis zu drei Jahren Haft fordert er, der Söder. Mit Fug. Und mit Recht. Erzähl du mal einen Witz über den Papst! Was macht ein Kondom, wenn es den Papst sieht? Es platzt vor Wut. Hahaha! Sofortklage wegen Blasphemie. Strafmaß: Drei Jahre CSU!

Erinnerst du dich noch, Engelchen, als der Papst Bayern besuchte? Schööön! Diese Begeisterung, da war doch die Hölle los, ehrlich! Manche fragen: Was jubeln junge Leute einem Opa zu, der Kondom und Pille verbietet? Ich sag dir, Engelchen: Das braucht alles seine Zeit. Papst Woytila, der reiste ja bis an den Rand der Welt, und als er stutzig wurde, dass er von der Scheibe nicht herunterfällt, da entschloss er sich flugs, nach 350 Jahren den Galilei zu rehabilitieren. Geduld: In 350 Jahren schluckt der Papst auch die Pille!

Ich meine: Unsereins ist ja tolerant als Katholik. Würde mir mein Sohn gestehen, er sei homosexuell, bitteschön. Meinetwegen kann er sogar schwul sein! Aber wenn er dann auch noch einen Mann liebt – da hätte meine Toleranz ihre Grenzen. Das würde ich dem Kardinal Meisner melden. Psst, Engelchen – die Musik! Schööön! Mittelalter! »Homosexualität muss man wie ein Gift ausschwitzen«, hat er gesagt, der Kardinal. Seitdem sitzen jeden Tag ein Dutzend Bischöfe und Priester auf Meisners Schoß und schwitzen aus. Mal ehrlich: Ich hab schon befürchtet, der Vatikan würde seine Haltung zur Homosexualität noch mal überdenken, weil: Ich hab da eine Überschrift gelesen, in einer Berliner Zeitung. Im Tagesspiegel. Dort stand, wörtlich: »Homoehe – Doppelpunkt – Kardinal Meisner stellt sich hinter Papst.«

Na ja, manchmal rutscht dem Benedikt was raus. Er ist ja auch nur ein Papst. Wie beim Besuch in Brasilien. Da hat er gesagt, die Indios hätten die spanischen Eroberer herbeigesehnt, damit sie von ihrem primitiven Glauben erlöst werden. Deshalb haben ja auch die christlichen Eroberer die Eingeborenen ausgerottet. Da waren die erlöst. Schööön! So gesehen hat er recht, der Papst. Und auch der Bischof Mixa. Der hat sich in die Diskussion über Kindererziehung eingemischt und gesagt: »Ein christliches Kind gehört nicht in die Krippe.« Da hat er auch recht, der Mixa.

Kinder gehören in den Schoß der Kirche. Und nur wenn sie Pech haben, landen sie im Schoß des Pfarrers.

Die katholische Kirche hat immer recht. Weil: Die katholische Kirche ist die einzig rechtmäßige Kirche. Die DDR war der einzig rechtmäßige Staat. Die Partei hatte immer recht. Der Mensch braucht einen, der immer recht hat. Mal ehrlich, Engelchen!

Schluss mit lustig

Mai 2009 *Über allen Gipfeln ist Ruh.* Wäre die Welt eine Bank, die Politiker würden sie retten. So aber brachte der G-20 neben Kosten von 100 Millionen Euro lediglich ein paar Empfehlungen und schob der Weltbank eine Billion zur Eindämmung der Krise zu – jener Bank, die mit ökonomischem Druck jedes Land in die Knie zwingt, das nicht nach ihrer Pfeife tanzt. Ausgerechnet die Weltbank zur Rettung der Welt aufzurufen ist so, als würde man die Mafia beauftragen, das organisierte Verbrechen zu bekämpfen. Was hat sich geändert nach all den Gipfeln? *In allen Wipfeln spürest du kaum einen Hauch.* Einskommafünf Trilliarden Dollar lagern in Steuerparadiesen, damit ein paar Asoziale ihre Kaviareier aus vergoldeten Kaviareierbechern löffeln können. Millionen afrikanische Hungernde und perspektivlos vegetierende arabische Jugendliche – unsere Enkel werden in ganz Europa nicht mehr genug Steine finden, um die Mauern zum Schutz hoch genug zu ziehen.

Neunzigtausend strömten zu Mario Barths Schwiegermutterwitzen ins Berliner Olympiastadion. Verglichen damit war es nur ein hilfloses Häuflein, das sich mit »Wir zahlen nicht für eure Krise!« gegen die Weltkugel stemmte. Was heißt: Wir zahlen nicht? Wir zahlen doch längst! Wir retten die Banken. Aber wer rettet die Retter?

Unser Land ist krank. Kaum einer wehrt sich gegen die Bakterien. *Die Vöglein schweigen im Walde.* Warum besetzen Hartz-IV-Empfänger nicht den Bundestag und verlangen die Rückgabe ihrer Menschenwürde? Warum stürmen wir nicht die Bankzentralen und verhindern die Bonuszahlungen? Warum lassen wir uns täglich von der Politik verarschen und bewegen trotzdem nicht den eigenen Hintern? – Solche Sätze sind nicht lustig, Schaller, du solltest sie lassen. *Warte nur, balde schweigest auch du.*

»Die Wahrheit muss an den Tag. Wir lassen uns das Land nicht kaputtmachen! Wir haben die Pflicht, von unserer Regierung zu verlangen, das Vertrauen der Bevölkerung wieder herzustellen.« Ist das ein Aufruf aus diesen Tagen oder eine von Dresdner Schauspielern verlesene Resolution aus den Herbsttagen von 1989? Raten Sie mal. Sie können noch Ihren Telefonjoker anrufen.

Geständnis eines SPD-Wählers nach der Wahl

Schwarz-Gelb regiert uns. Der Koalitionsvertrag steht. Frau Merkel sagt: »Wir wagen einen Neuanfang.« Der Neuanfang sieht so aus: Wirtschaftsminister Guttenberg wird Verteidigungsminister, Verteidigungsminister Jung wird Arbeitsminister und Innenminister Schäuble wird Finanzminister. Das erinnert mich an einen alten Witz von Otto, wo der Offizier die Soldaten zum Unterwäschewechseln auffordert: »Meyer wechselt mit Müller, Müller wechselt mit Schmidt!« Aber sehen wir's optimistisch: Herr Schäuble ist wirklich ein Neuanfang. Ein Mann, der 100 000 DM von einem Waffenhändler schwarz am Finanzamt vorbeischleust und sich hinterher nicht mehr daran erinnern kann – wer wäre besser als Finanzminister geeignet.

Herr Seeler redet sich's mal von der Seele

27. September 2009 Ich weiß gar nicht, ob ich es gestehen soll: Ich habe die SPD gewählt. Warum nicht, werden Sie vielleicht fragen, in der Urne liegt sie ja schon. Einst sind die Dinos ausgestorben, später die karibische Spitzmaus. Jetzt ist halt die SPD dran. Aber tragisch ist für unsereins so ein Untergang schon. Ich habe nämlich immer die SPD gewählt, seit ich die SPD hier im Osten wählen kann. Die hat bisher immer mein Kreuz gekriegt, die SPD. Wissen Sie: Ich wollte nämlich immer in eine Arbeiterpartei. Als Arbeiter. Vor vierzig Jahren, da wollte ich in die SED, weil ich dachte: Sozialistische Arbeiterpartei – führende Klasse – klingt gar nicht so übel. Aber die haben mich damals gar nicht genommen. Weil mein Vater in der NSDAP war. Weil mein Vater, der hat wahrscheinlich gedacht: Nationalsozialistische

Arbeiterpartei – da gehörst du doch rein. Als Arbeiter. Und was kam am Ende? Das Ende! Aber SED, dachte ich, die wollte doch alles besser machen: Brüder zur Sonne, zur Freiheit ... Gut, später wusste ich: Mit der Freiheit wird das nichts – eher kauft sich der Papst ein Doppelbett. Jedenfalls: Als die mich endlich in der SED aufnahmen, ging die unter. Weg war sie. Große Idee gehabt! Und was ist geblieben? Ein paar bunte Plasteeierbecher im DDR-Museum. Zur Erinnerung. Gut, dacht ich, gehst du halt jetzt in die SPD, das ist ja auch eine Arbeiterpartei. Aber die haben mich gar nicht genommen! Weil ich in der SED war, obwohl die mich in der SED gar nicht wollten, weil mein Vater in der NSDAP war. Und jetzt, wo die SPD mich haben will, will keiner mehr die SPD haben. Die SPD gibt es noch, aber keiner weiß wozu? Es wird nicht mehr lange dauern und schwupp – weg ist sie. Und was wird bleiben? Ein SPD-Shop, in dem man rote Toaster kaufen kann, die die Buchstaben SPD auf die Toastscheiben brennen.

Ich hab schon Angst, dass es an mir liegt: Kaum bin ich in irgendeinem Verein, löst der sich auf. Ich trau mich schon gar nicht, in den ADAC einzutreten. Da bliebe nur noch der Bund Deutscher Radfahrer. Aber das geht ja auch nicht, denn dann wäre ja der Scharping wieder mein Vorsitzender.

Seit ich die SPD wähle – von nun an ging's bergab. Die Parteispitze, die wechselte die Vorsitzenden schneller als Boris Becker die Frauen: Engholm stolperte über Barschel, Scharping über die Gräfin, Lafontaine floh vor Schröder, Schröder floh nach Russland, Müntefering ging, bevor er wieder kam, bevor er wieder ging. Platzeck wurde klugerweise schnell krank, Beck klugerweise schnell gemobbt... – die SPD wechselte in den letzten zwanzig Jahren mehr Vorsitzende aus, als sie heute noch Mitglieder hat. Und dann Steinmeier: Wie er sich – die Partei wie ein rotes Kreuz auf dem Rücken – durch den Wahlkampf schleppte und dann noch in der letzten Kurve von Ulla Schmidts Dienstwagen überrollt wurde – er tat mir leid, der Steinmeier. Mit seinen Pleiten, Pech und Pannen war er so was wie ein Max Schautzer der Politik. Der Steinmeier hat im Wahlkampf Hartz IV bekämpft, obwohl er an der Seite Schröders Hartz IV erfunden hat. Das ist so, als würde ich einen auf den Elektrischen Stuhl setzen und dann entsetzt rufen: Hilfe, er zappelt! Aber, gut: Dass in der CDU das Christliche fehlt und in der SPD das Soziale, ist ja heute kein Argument mehr. Im Hundekuchen ist ja auch kein Hund.

Müntefering: Opposition ist Mist, hat er gesagt. Aber Mist ist Dung, sag ich. Ich dünge meine Tomaten auf dem Balkon auch immer, damit sie rot werden. Aber vielleicht will die SPD gar nicht mehr rot werden. Muss sie mal drüber nachdenken, wenn sie schon zurzeit nicht vordenken kann.

Dass uns nun Frau Merkel und Herr Westerwelle regieren, darauf kann auch ein SPD-Wähler irgendwie stolz sein: Als Kanzler eine Frau und als Außenminister ein ... – also beide sind ja irgendwie Randgruppen. Das wäre ohne SPD und ohne Grüne in dieser einst so bigotten Bundesrepublik nicht möglich gewesen, in der erstens bis 1976 die Frau nur mit Erlaubnis des Gatten einen Beruf ausüben durfte und laut § 1356 verpflichtet war, den Haushalt zu führen und zweitens Homosexuelle bis in die siebziger Jahre durch § 218 kriminalisiert wurden. Anders gesagt: Schwarz-Gelb ist ein Erfolg der Linken. Mal so gesehen.

Was soll ich nun als Wähler in meinem Alter machen? Ich kann ja die SPD erst wieder in vier Jahren wählen. Und da lieg ich vielleicht schon in der Urne. Oder die SPD. Und es wäre doch schade um uns beide.

Der Narr und der König

Statt eines Schlusswortes

Achtung, gleich wird das Volk grölen. Im Vorgefühl des Erfolgs holt der Narr auf der Bühne genüsslich Luft, um dann den erprobten Witz in den Saal zu blasen. Es ist ein Witz über den König. Ein mutiger Narr!, ruft das Volk. Es lebe der Narr!, ruft das Volk. Aber siehe da: In der Loge sitzt vergnügt der König. Das Volk bemerkt des Königs Lachen, verneigt sich tief empor zur Loge. Ein toleranter König!, ruft das Volk. Es lebe der König!, ruft das Volk. Unbemerkt von der Menge zwinkern sich Narr und König zu. Dann fährt der Narr nach Hause in sein Narrenhäusel, das kaum bescheidener anmutet als des Königs Schloss. Einen Augenblick verweilt der Narr vor der Vitrine, in der er sein helles Narrenglöckchen gefangen hält, und erinnert sich an Zeiten, da er es leis läuten ließ mit feinem Biss und weisem Spott. Dies leise Geläut aber dröhnte dem einstigen König schmerzhaft in den Ohren. Und er drohte dem Narren, ihn samt Glöckchen in den Turm zu sperren, den dick gemauerten, dass kein Missklang mehr störe des Königs Feste. Gefährlich leben aber war nicht die Stärke des mutigen Narren. Und es verstummte das Geläut. Stumm blieb der unfreie Narr.

Längst hat das Volk den König ausgewechselt und lacht jetzt frei über die freien Späße des freien Narren. Und der König sitzt also in seiner Königsloge und lacht über die Königswitze, so laut, dass der Narr den Witz noch lauter in den Saal blasen muss, und lauter Köpfe schütteln sich vor Lachen und lauter Schenkelklatschen, bis die Köpfe zwischen den Schenkeln steckenbleiben. Da holt der Narr übermütig sein Glöckchen aus der Gefangenschaft und lässt es leise läuten. Doch die Köpfe zwischen den Schenkeln können es nicht hören, und im Saal schweigt es still. Und das Geläut verstummt, da keiner zuhört. Stumm bleibt der freie Narr. Der König lächelt weise.

ISBN 978-3-359-02263-3

© 2010 Eulenspiegel Verlag, Berlin
Umschlaggestaltung: c-macs publishingservice, Dresden,
unter Verwendung eines Fotos von HL Böhme
Druck und Bindung: CPI Moravia Books GmbH

Ein Verlagsverzeichnis schicken wir Ihnen gern:
Eulenspiegel · Das Neue Berlin Verlagsgesellschaft mbH & Co. KG
Neue Grünstr. 18, 10179 Berlin
Tel. 01805/30 99 99
(0,14 €/Min., Mobil abweichend)

Die Bücher des Eulenspiegel Verlags
erscheinen in der Eulenspiegel Verlagsgruppe.

www.eulenspiegel-verlag.de